AF189407

Impressum
Verlag: BABADADA GmbH, Nedderfeld 112 , 22529 Hamburg
Geschäftsführer / Verlagsleitung: Harald Hof
Druck: Books on Demand GmbH, In de Tarpen 42, 22848 Norderstedt

Imprint
Publisher: BABADADA GmbH, Nedderfeld 112 , 22529 Hamburg, Germany
Managing Director / Publishing direction: Harald Hof
Print: Books on Demand GmbH, In de Tarpen 42, 22848 Norderstedt

koulu

مکتب

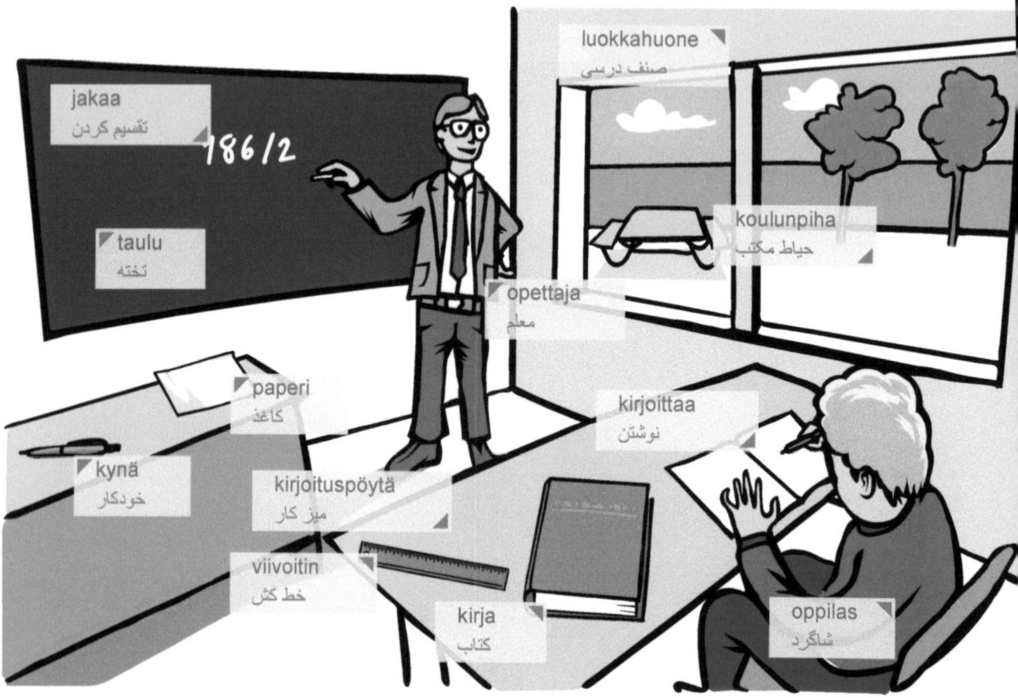

luokkahuone
صنف درسی
jakaa
تقسیم کردن
186/2
taulu
تخته
koulunpiha
حیاط مکتب
opettaja
معلم
paperi
کاغذ
kirjoittaa
نوشتن
kynä
خودکار
kirjoituspöytä
میز کار
viivoitin
خط کش
kirja
کتاب
oppilas
شاگرد

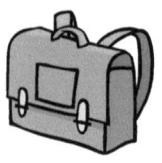

reppu

بیگ مکتب

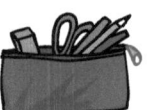

penaali

قلم دانی

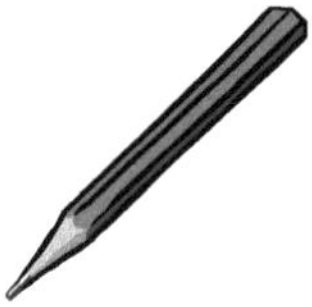

lyijykynä

پنسل

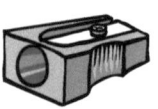

kynänteroitin

پنسل تراش

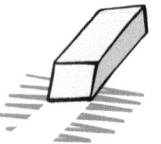

pyyhekumi

پنسل پاک

piirustuslehtiö

کتابچه رسم

piirustus

نقاشی

pensseli

برس رنگ زنی

vesivärit

بکسک رنگه

sakset

قیچی

liima

سریش

harjoituskirja

کتاب تمرین

kotitehtävä

کار خانگی

luku

عدد

lisätä

جمع کردن

vähentää

تفریق کردن

kertoa

ضرب کردن

laskea

حساب کردن

kirjain

حرف

aakkoset

الفبا

sana

کلمه

teksti

متن

lukea

خواندن

liitu

تباشیر

oppitunti

درس

opettajan muistikirja

ثبت نام

koe

امتحان

todistus

تصدیقنامه

koulupuku

یونیفورم مکتب

koulutus

تحصیل

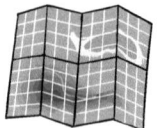

sanakirja

دانشنامه

yliopisto

پوهنتون

mikroskooppi

مایکروسکوپ

kartta

نقشه

roskakori

سبد کاغذ باطله

matka
سفر

Grand
hotelli
هوتل
retkeilymaja
لیلیه
ROOMS
rahanvaihto
دفتر صرافی
matkalaukku
بیگ سفری
auto
موتر

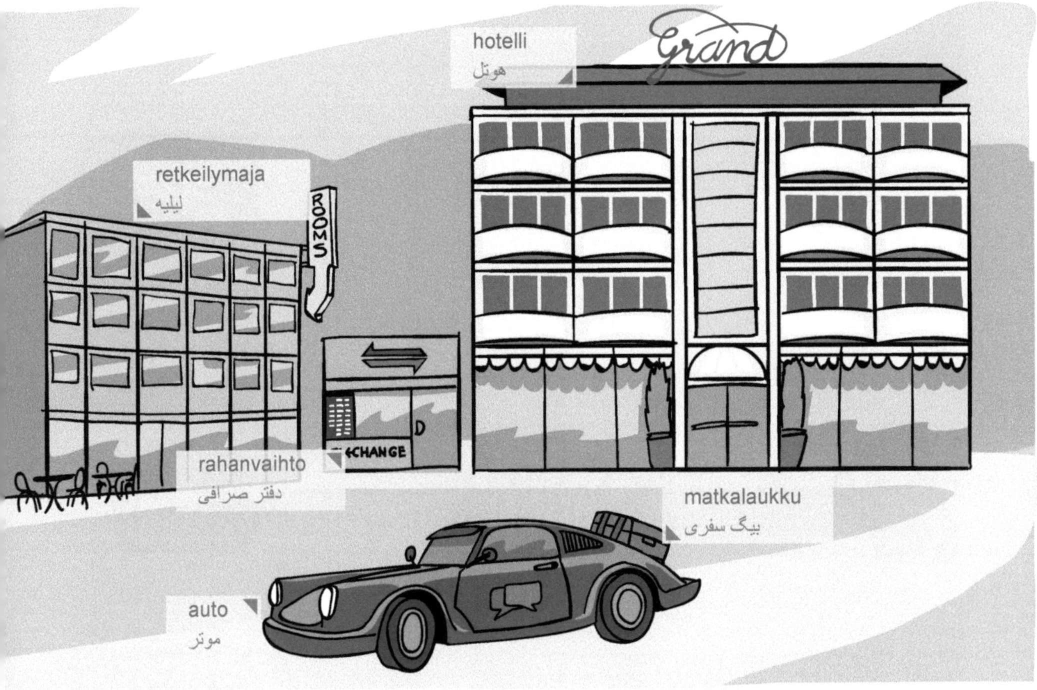

kieli

زبان

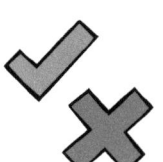

kyllä / ei

بلی / نخیر

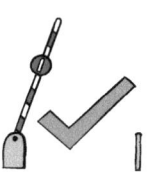

selvä

بسیار خوب

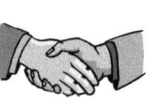

hei

سلام

tulkki

مترجم

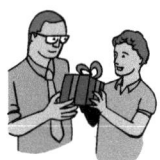

kiitos

تشکر از شما

Paljonko...maksaa?

قیمتش چقدر است؟

en ymmärrä

نمی فهمم

ongelma

مشکل

Hyvää iltaa!

عصر بخیر! / شب بخیر!

Hyvää huomenta!

صبح بخیر!

Hyvää yötä!

شب بخیر!

näkemiin

خداحافظ

suunta

مسیر

matkatavarat

بار مسافر

laukku

بیگ

reppu

بیگ پشتکی

vieras

مهمان

huone

اطاق

makuupussi

بستره خواب سیار

teltta

خیمه

turisti-info

معلومات توریستی

ranta

ساحل

luottokortti

کریدیت کارت

aamupala

صبحانه

lounas

طعام چاشت

päivällinen

غذای شام

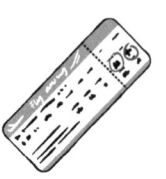

matkalippu

تکت

hissi

لفت

postimerkki

مهر

raja

مرز

tulli

گمرک

suurlähetystö

سفارتخانه

viisumi

ویزه

passi

پاسپورت

matka - سفر

kuljetus

حمل و نقل

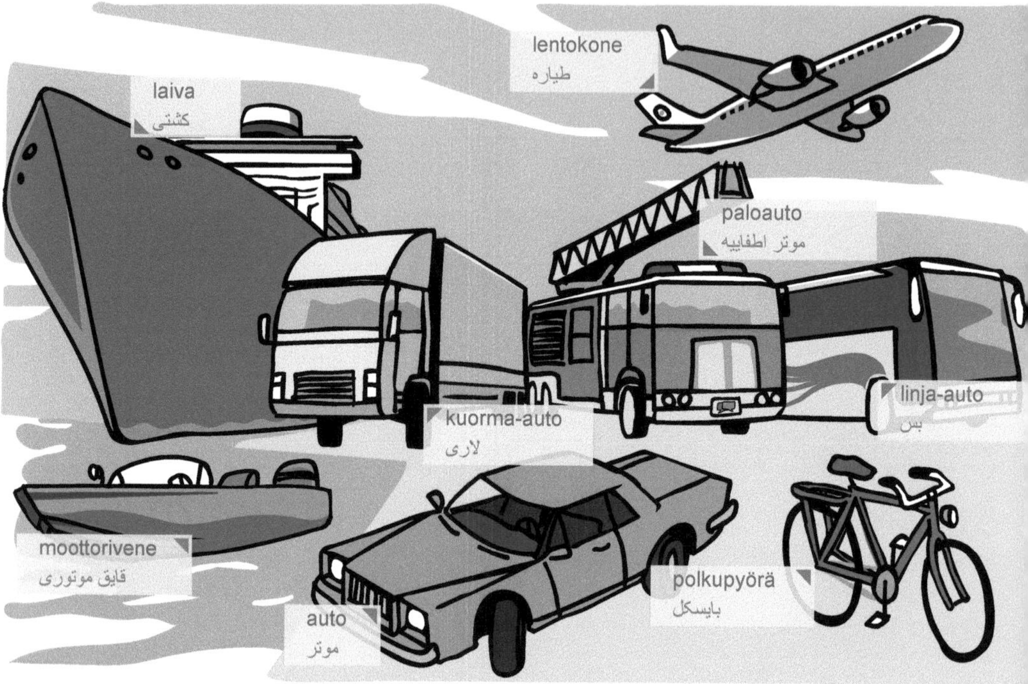
lentokone
طیاره
laiva
کشتی
paloauto
موتر اطفاییه
linja-auto
بس
kuorma-auto
لاری
moottorivene
قایق موتوری
polkupyörä
بایسکل
auto
موتر

lautta

کشتی

vene

قایق

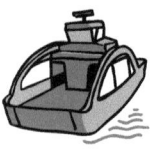

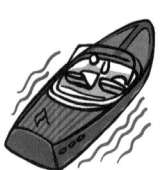

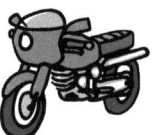

moottoripyörä

موترسایکل

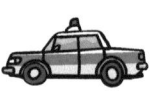

poliisiauto

موتر پولیس

kilpa-auto

موتر مسابقه

vuokra-auto

موتر کرایی

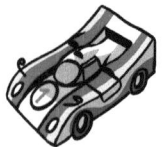

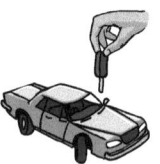

car sharing

اشتراک وسایط

hinausauto

جرثقیل

roska-auto

موتر حمل زباله

moottori

موتور

polttoaine

تیل

huoltoasema

تانک تیل

liikennemerkki

علامت ترافیکی

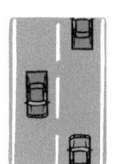

liikenne

عبور و مرور

ruuhka

راهبندان

parkkipaikka

پارک وسایط

rautatieasema

ایستگاه ریل

raiteet

خط ریل

juna

ریل

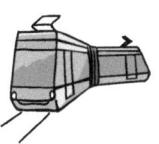

raitiovaunu

ریل برقی

vaunu

واگن

helikopteri

هلیکوپتر

lentokenttä

میدان هوایی

lähilennonjohto

برج

matkustaja

مسافر

kontti

کانتینر

pahvilaatikko

کارتن

kärryt

گادی

kori

سبد

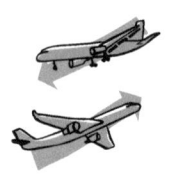

nousta / laskea

پرواز کردن / فرود آمدن

kaupunki

شهر

kylä

قریه

keskusta

تیاتر شهر

talo

خانه

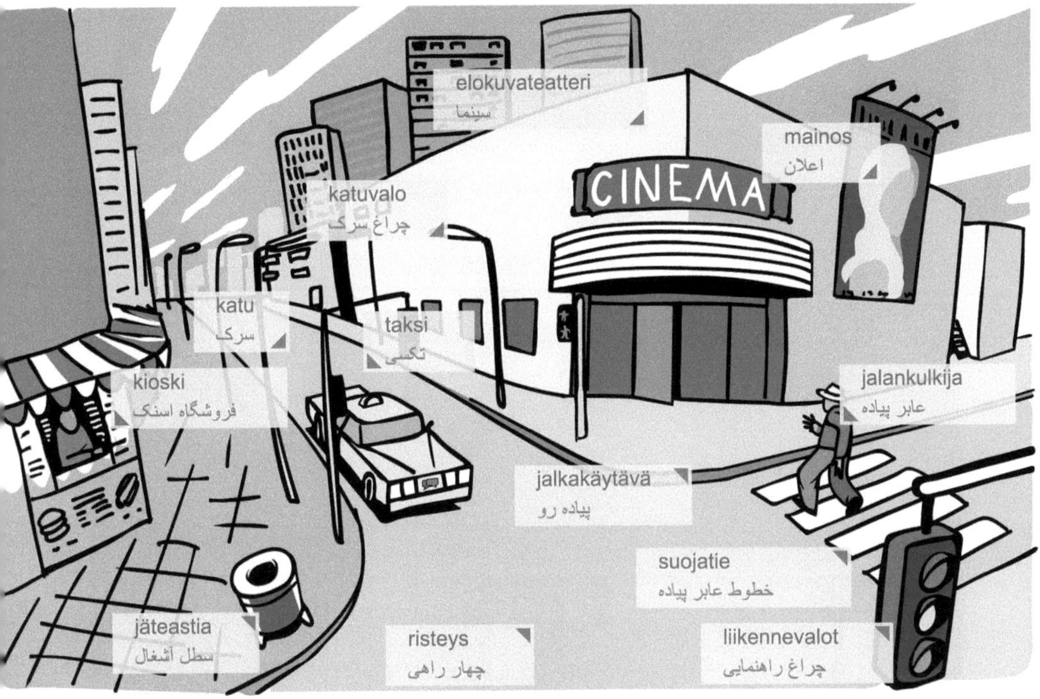

elokuvateatteri
سینما
mainos
اعلان
CINEMA
katuvalo
چراغ سرک
katu
سرک
taksi
تکسی
kioski
فروشگاه اسنک
jalankulkija
عابر پیاده
jalkakäytävä
پیاده رو
suojatie
خطوط عابر پیاده
jäteastia
سطل آشغال
risteys
چهار راهی
liikennevalot
چراغ راهنمایی

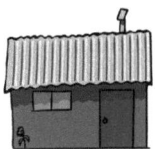

mökki

کلبه

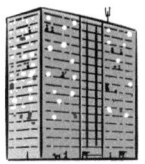

kerrostalo

آپارتمان

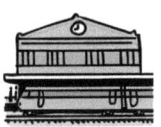

rautatieasema

ایستگاه ریل

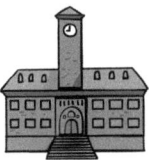

kaupungintalo

تالار شهر

MUSEUM

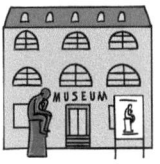

museo

موزیم

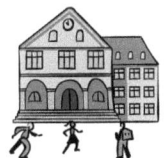

koulu

مکتب

yliopisto

پوهنتون

pankki

بانک

sairaala

شفاخانه

hotelli

هوټل

apteekki

دواخانه

toimisto

دفتر

kirjakauppa

کتابفروشی

liike

مغازه

kukkakauppa

گل فروشی

supermarketti

سوپر مارکیت

tori

فروشگاه

tavaratalo

فروشگاه

kalakauppias

ماهی فروشی

ostoskeskus

مرکز خرید

satama

بندر

puisto

پارک

penkki

دراز چوکی

silta

پل

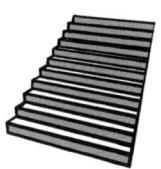

portaat

زینه ها

metro

مترو

tunneli

تونل

linja-autopysäkki

ایستگاه بس

baari

میخانه

ravintola

رستورانت

postilaatikko

صندوق پست

katukyltti

علامت سرک

parkkimittari

ماشین پارکو متر

eläintarha

باغ وحش

uimala

حوض آببازی

moskeija

مسجد

maatila

مزرعه

ympäristön saastuminen

آلوده گی

hautausmaa

قبرستان

kirkko

کلیسا

leikkikenttä

میدان بازی

temppeli

معبد

maisema

چشم انداز

laakso

درّه

vuori

تپّه

järvi

دریاچه

metsä

جنگل

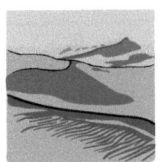

aavikko

صحرا

tulivuori

آتشفشان

linna

قلعه

sateenkaari

رنگین کمان

sieni

سمارق

palmu

درخت آلو

hyttynen

پشه

kärpänen

مگس

muurahainen

مورچه

mehiläinen

زنبور

hämähäkki

عنکبوت

kovakuoriainen

قانغوزک

sammakko

بقه

orava

موش خرما

siili

خارپشت

jänis

خرگوش صحرایی

pöllö

بوم

lintu

پرنده

joutsen

مرغابی

villisika

خوک وحشی

peura

گوزن

hirvi

گوزن شمالی

pato

بند آب

tuulimylly

توربین بادی

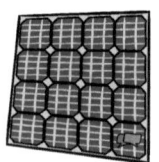

aurinkopaneeli

صفحه خورشیدی

ilmasto

آب و هوا

ravintola
رستورانت

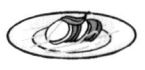

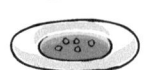

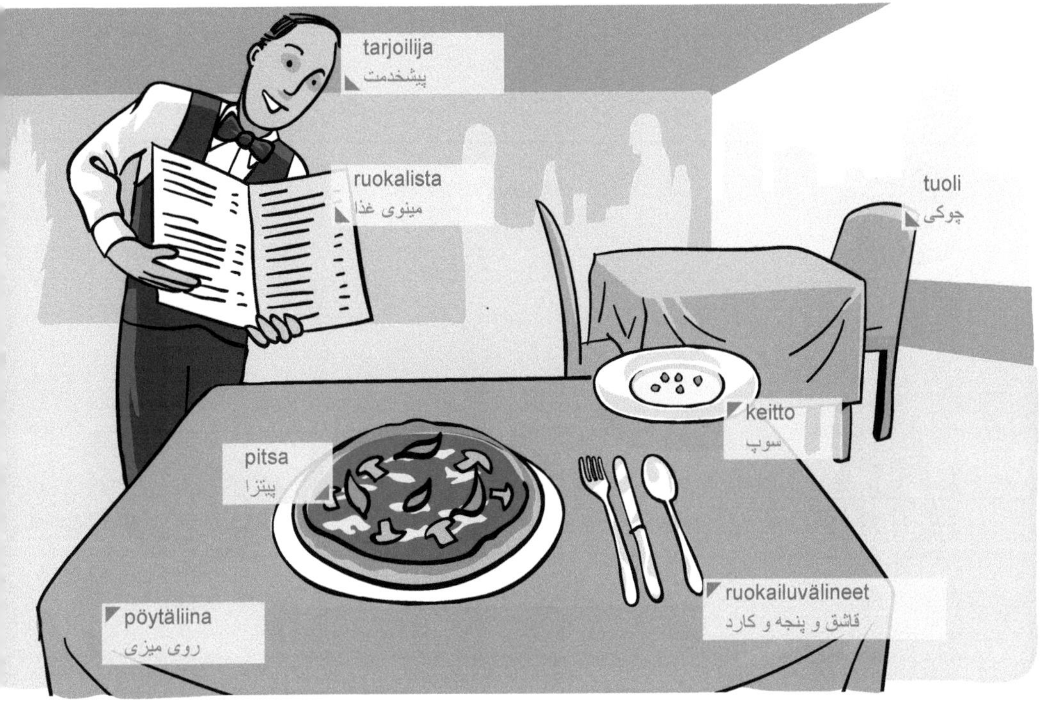

tarjoilija
پیشخدمت
ruokalista
مینوی غذا
tuoli
چوکی
keitto
سوپ
pitsa
پیتزا
ruokailuvälineet
قاشق و پنجه و کارد
pöytäliina
روی میزی

alkuruoka
پیش غذا

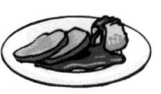

pääruoka
غذای اصلی

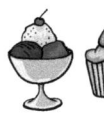

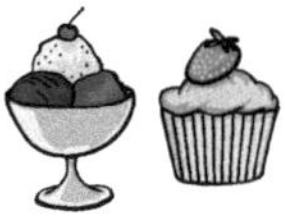

jälkiruoka
شرینی

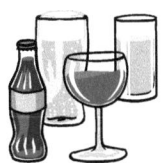

juomat
نوشیدنی ها

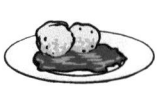

ruoka
غذا

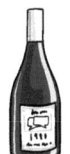

pullo
بوتل

pikaruoka

فاست فود

katuruoka

غذای کنار سرک

teekannu

چاینک/ترموز

sokeriastia

قندانی

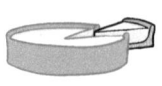

annos

بخش غذا

espressokeitin

دستگاه اسپرسو

syöttötuoli

چوکی بلند

lasku

بل

tarjotin

پطنوس

veitsi

چاقو

haarukka

پنجه

lusikka

قاشق

teelusikka

قاشق چای خوری

servietti

دستپاک دسترخوان یا میز

lasi

گیلاس

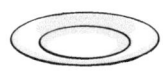

lautanen

بشقاب

syvä lautanen

بشقاب سوپ

aluslautanen

نعلبكى

kastike

چتنى

suolasirotin

نمكدان

pippurimylly

آسياب مرچ

etikka

سركه

öljy

روغن خوراكى

mausteet

ادويه

ketsuppi

كچاپ

sinappi

ساس خردل

majoneesi

مايونز

supermarketti
سوپر مارکیت

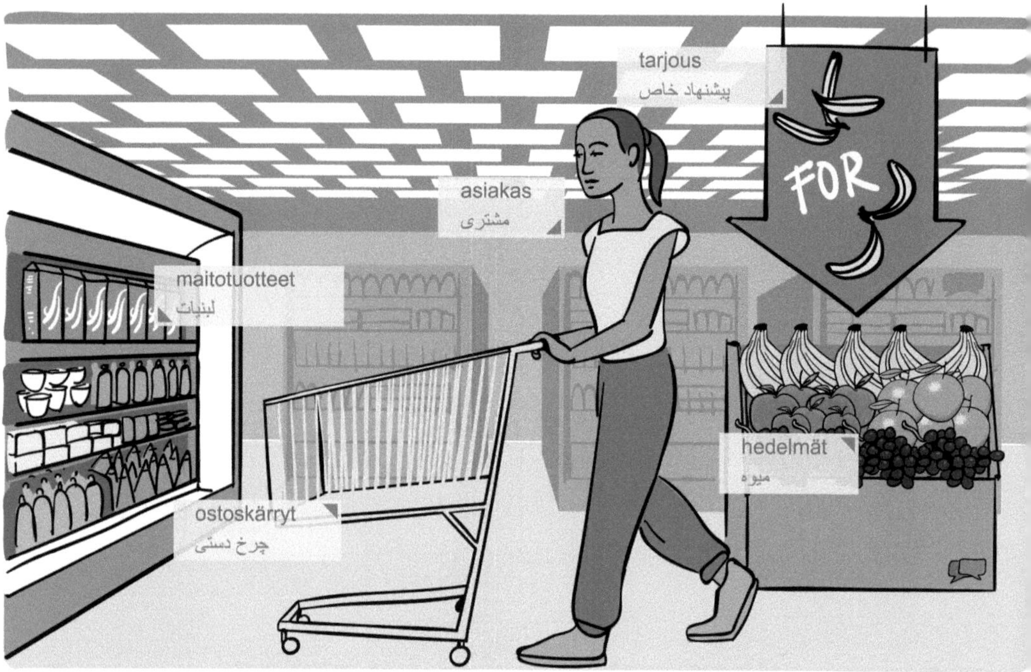

tarjous
پیشنهاد خاص
FOR
asiakas
مشتری
maitotuotteet
لبنیات
hedelmät
میوه
ostoskärryt
چرخ دستی

BUTCHERS

teurastamo

قصابی

BAKERY

leipomo

نانوایی

punnita

وزن کردن

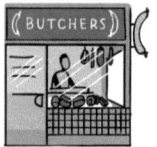

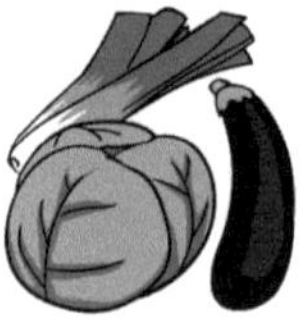

kasvikset

سبزیجات

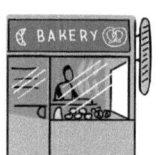

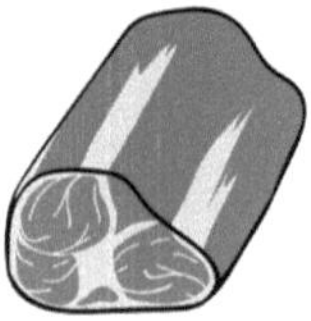

liha

گوشت

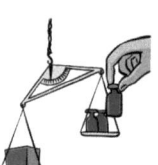

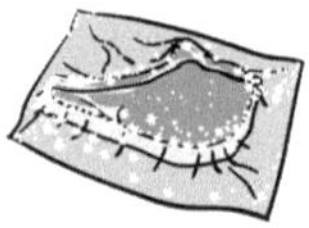

pakasteet

غذای منجمد

leikkele

غذای سرد

säilykkeet

غذای کنسر شده

pesujauhe

پودر رختشویی

makeiset

شیرینی

kotitaloustarvikkeet

لوازم خانگی

puhdistusaineet

محصولات پاک کننده

myyjä

فروشنده

kassa

دخل پیسه

kassanhoitaja

صندوقدار

ostoslista

لست خرید

aukioloajat

ساعات کاری

lompakko

بکسک جیبی

luottokortti

کریدیت کارت

kassi

بیگ

muovipussi

بیگ پلاستیکی

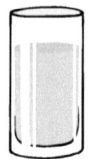

vesi

آب

mehu

جوس

maito

شیر

kokis

نوشابه

viini

شراب

olut

بیر

alkoholi

الکول

kaakao

کاکو

tee

چای

kahvi

قهوه

espresso

اسپرسو

cappuccino

کاپوچینو

banaani

كيله

omena

سيب

appelsiini

مالته

meloni

تربوز

sitruuna

ليمو

porkkana

زردگ

valkosipuli

سير

bambu

چوب خيزران

sipuli

پياز

sieni

سمارق

pähkinät

مغزيات

spagetti

آش

spagetti

مكرونى

riisi

برنج

salaatti

سلاد

ranskalaiset

چیپس

paistetut perunat

كچالو سرخ كرده

pitsa

پيتزا

hampurilainen

همبرگر

voileipä

ساندويچ

leike

كتلت

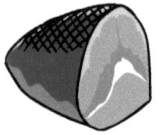

kinkku

همبرگر

salami

سالامى

makkara

ساسيج

kana

مرغ

paisti

كباب

kala

ماهى

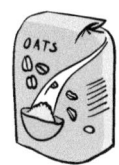

kaurahiutaleet

فرنی جو

mysli

صبحانه رژیمی

murot

کورن فلکس

jauho

آرد

voisarvi

کروسانت

sämpylä

قرص نان

leipä

نان خشک

paahtoleipä

توست / نان بریان

keksit

بیسکیت

voi

مسکه

rahka

چکه

kakku

کیک

kananmuna

تخم مرغ

paistettu kananmuna

تخم مرغ سرخ شده

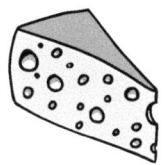

juusto

پنیر

jäätelö

آيسكريم

sokeri

شكر

hunaja

عسل

hillo

مربا

suklaapähkinälevite

مسكه چاكليت

curry

زردچوبه هندی

ruoka - غذا

maatila
مزرعه

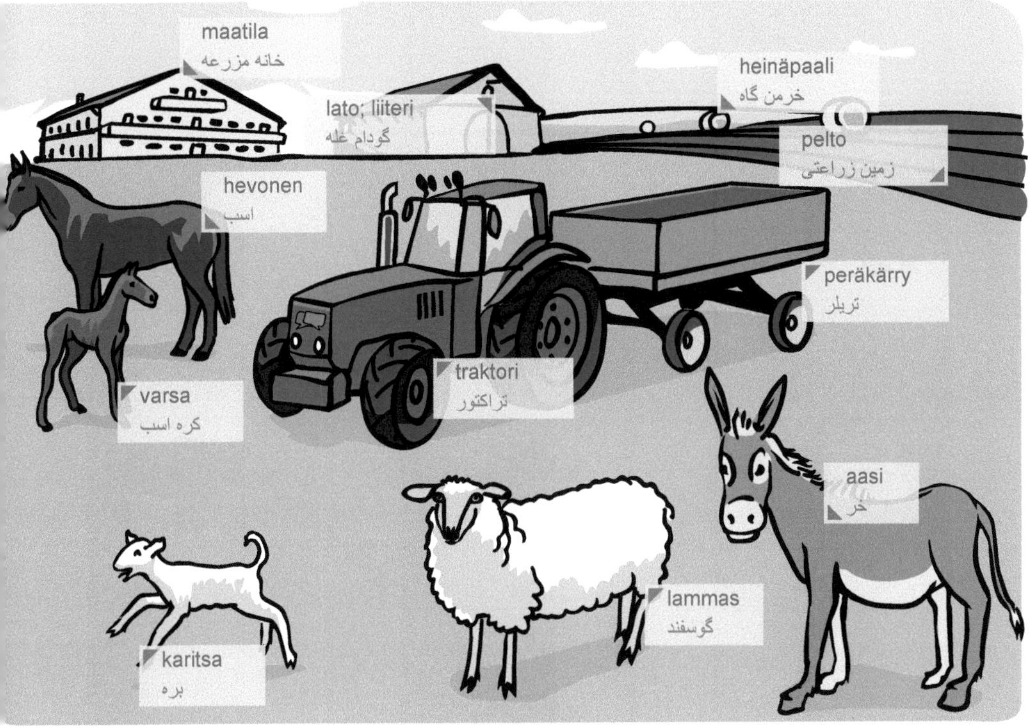
maatila
خانه مزرعه
lato; liiteri
گودام غله
heinäpaali
خرمن گاه
pelto
زمین زراعتی
hevonen
اسب
peräkärry
تریلر
varsa
کره اسب
traktori
تراکتور
aasi
خر
lammas
گوسفند
karitsa
بره

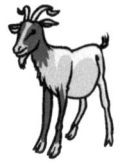

vuohi

بز

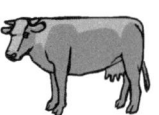

lehmä

گاو

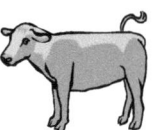

vasikka

گوساله

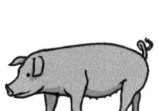

sika

خوک

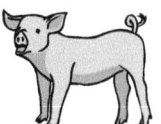

porsas

خوکچه

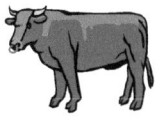

sonni

گاو نر

hanhi

قاز

ankka

مرغابی

tipu

چوچه مرغ

kana

مرغ

kukko

خروس

rotta

موش صحرایی

kissa

پیشک

hiiri

موش

härkä

گاومیش

koira

سگ

koirankoppi

خانه سگ

puutarhaletku

خانه باغ

kastelukannu

آبپاش

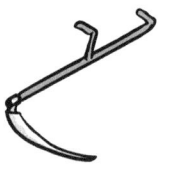

viikate

داس

aura

قولبه کردن

sirppi

داس

kuokka

کج بیل

talikko

چنگال باغبانی

kirves

تبر

kottikärryt

کراچی

kaukalo

تغار

maitokannu

قوطی شیر

säkki

بوجی

aita

دیوار مرزی از چوب یا سیم خار دار

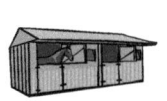

talli

پایدار

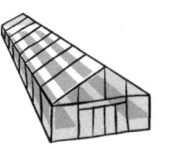

kasvihuone

گلخانه

maa

خاک

siemen

تخم

lannoite

کود

leikkuupuimuri

ماشین درو وخرمنکوبی

kerätä sato

درو کردن

sato

درو

jamssit

کچالو شرین

vehnä

گندم

soija

سویا

peruna

کچالو

maissi

جواری

rypsi

کلزا

hedelmäpuu

درخت میوه

maniokki

مانیوک

vilja

غلات و حبوبات

talo
خانه

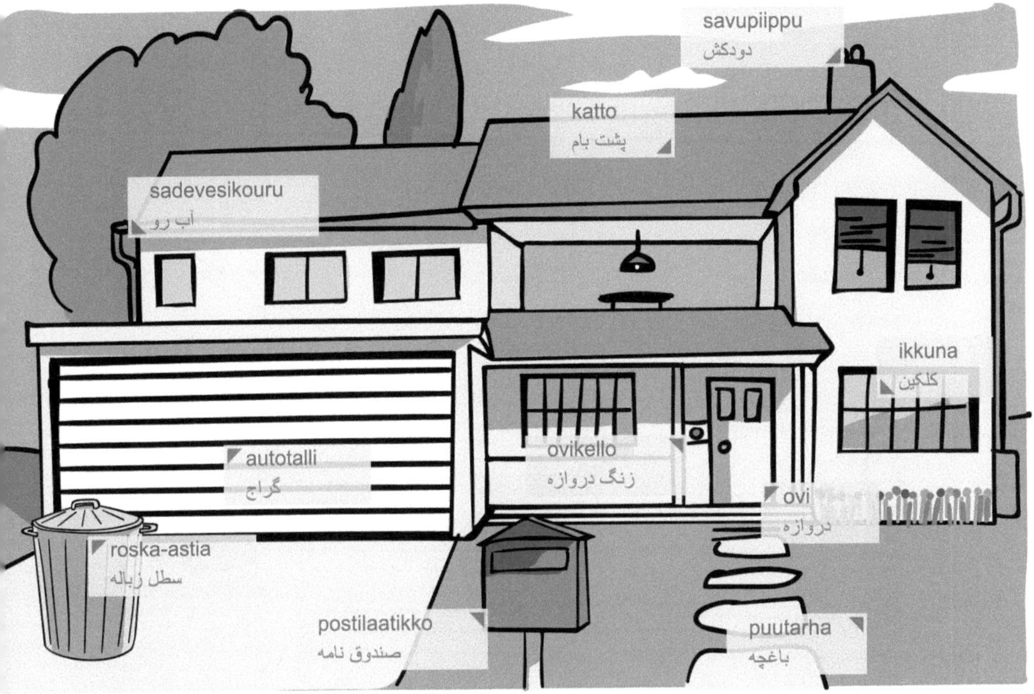

savupiippu
دودکش
katto
پشت بام
sadevesikouru
آب رو
ikkuna
کلکین
autotalli
گراج
ovikello
زنگ دروازه
ovi
دروازه
roska-astia
سطل زباله
postilaatikko
صندوق نامه
puutarha
باغچه

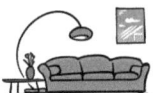

olohuone
اطاق نشیمن

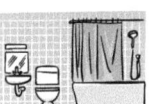

kylpyhuone
حمام / دستشویی

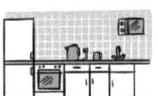

keittiö
آشپزخانه

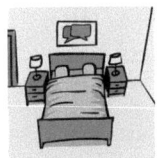

makuuhuone
اطاق خواب

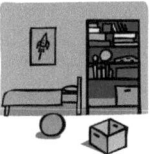

lastenhuone
اطاق اطفال

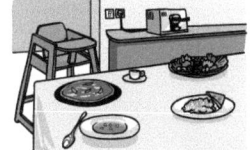

ruokahuone
اطاق پذیرایی

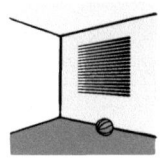

lattia

كف زمين

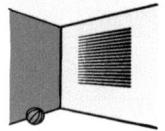

seinä

ديوار

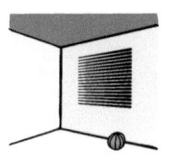

katto

سقف

kellari

گودام زير زمينى

sauna

سونا

parveke

بالكن

terassi

برنده / بالكن

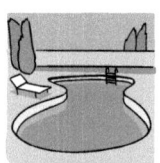

uima-allas

حوض

ruohonleikkuri

ماشين درو كردن چمن

lakana

ورق كاغذ

päiväpeitto

روجايى

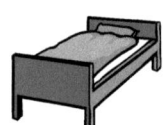

sänky

تختخواب

harja

جارو

ämpäri

سطل

katkaisin

سويچ

olohuone
اطاق نشیمن

tapetti
کاغذ دیواری
kuva
تصویر
lamppu
چراغ
hylly
قفسه
kaappi
کابینت
televisio
تلویزیون
takka
بخاری دیواری
kukka
گل
tyyny
بالشت
sohva
کوچ
maljakko
گلدان
kaukosäädin
ریموت کنترول

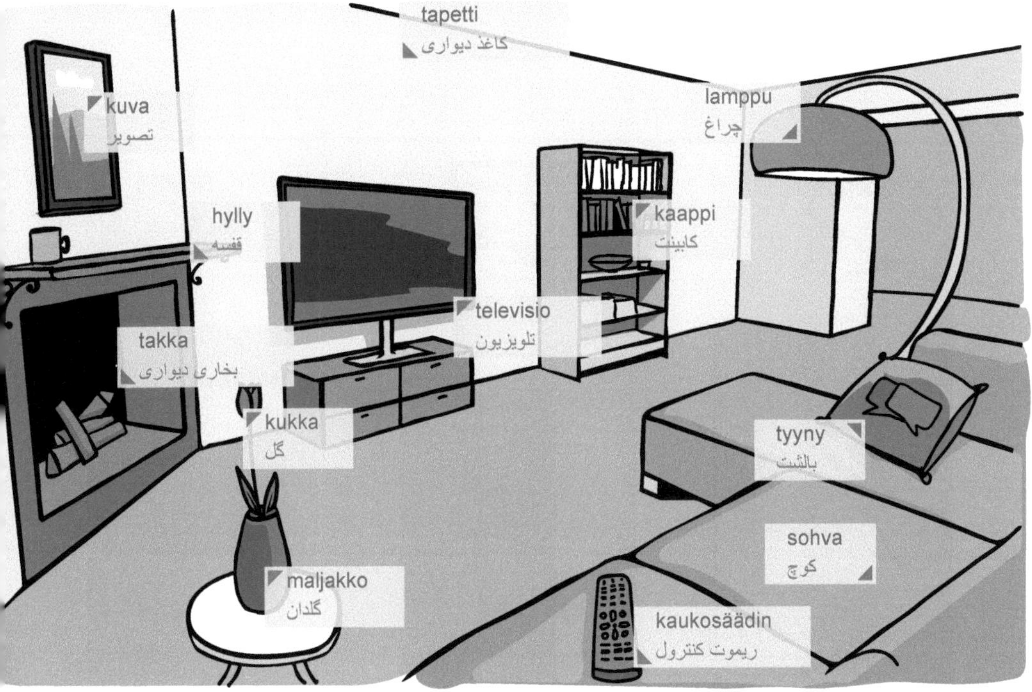

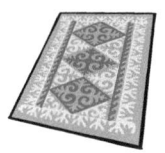

matto

فرش

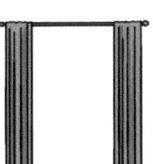

verho

پرده

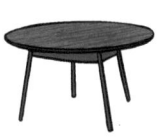

pöytä

میز

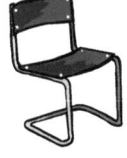

tuoli

چوکی

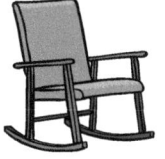

keinutuoli

چوکی گهواره یی

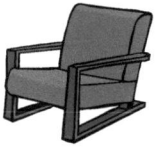

nojatuoli

چوکی دسته دار

kirja

كتاب

peitto

كمپل

koriste

دكوراسيون

polttopuut

هيزم

elokuva

فلم

stereot

سيستم های فای

avain

كليد

sanomalehti

روزنامه

maalaus

تابلوی نقاشی

juliste

پوستر

radio

راديو

muistivihko

دفتر

pölynimuri

جاروبرقی

kaktus

كاكتوس

kynttilä

شمع

keittiö
آشپزخانه

jääkaappi
یخچال
mikroaaltouuni
منقل مایکروویو
keittiövaaka
ترازوی آشپزخانه
leivänpaahdin
تستر
pesuaine
مواد شوینده
leivinuuni
داش
pakastinlokero
یخ دانی
roska-astia
سطل زباله
astianpesukone
ظرفشویی

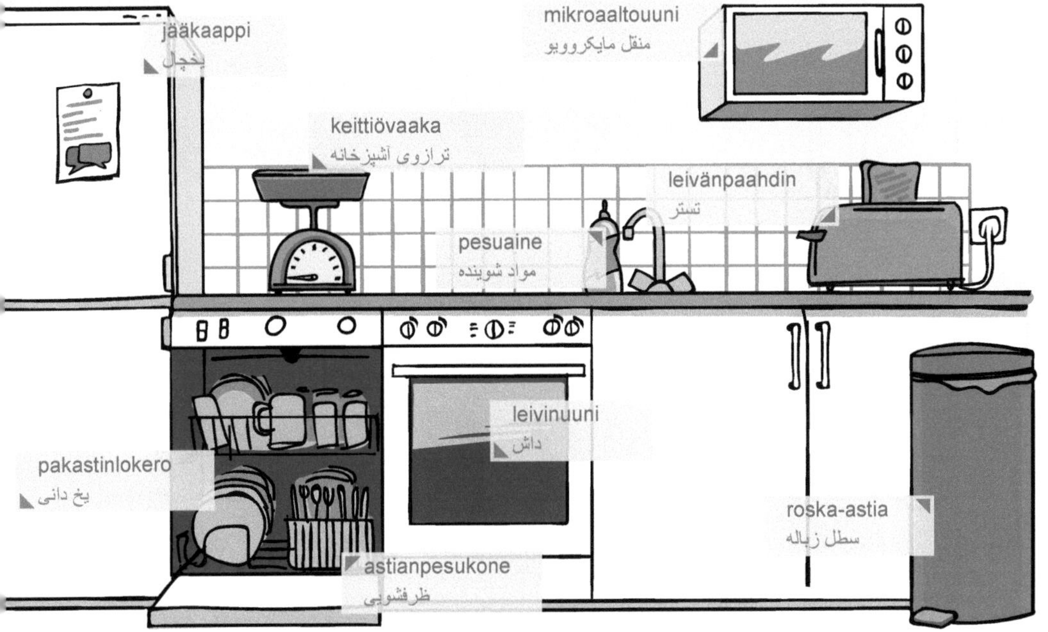

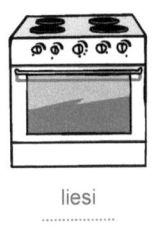

liesi
....
منقل

kattila
....
دیگ

rautapata
....
دیگ چدنی

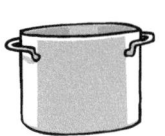

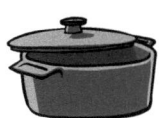

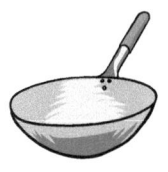

vokkipannu / kadai-pannu
....
کراهی

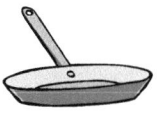

paistinpannu
....
تابه

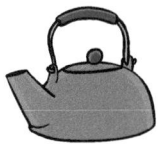

teepannu
....
چای جوش

höyrykeitin

بخارپز

uunipelti

پطنوس طباخی

astiat

ظروف

muki

پیاله کلان

kulho

کاسه

syömäpuikot

چاپستیک ها

kauha

ملاقه

paistinlasta

کفگیر

vispilä

مخلوط کننده

siivilä

چلو صاف

siivilä

غلبیل

raastin

رنده

mortteli

هاونگ

grilli

بار بیکیو

avotuli

آتش باز

leikkuulauta

تخته برش

kaulin

اشگز

korkinavaaja

سر بازکن

purkki

قوطی

purkinavaaja

سر باز کن

pannulappu

دستگیره تکه ای

lavuaari

ظرف شویی

tiskiharja

برس ظرف شویی

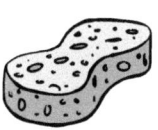

pesusieni

اسفنج

tehosekoitin

مخلوط کن

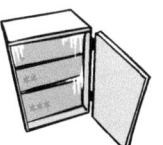

pakastin

فریزر

tuttipullo

شیر چوشک اطفال

vesihana

نل آب

kylpyhuone

حمام / دستشویی

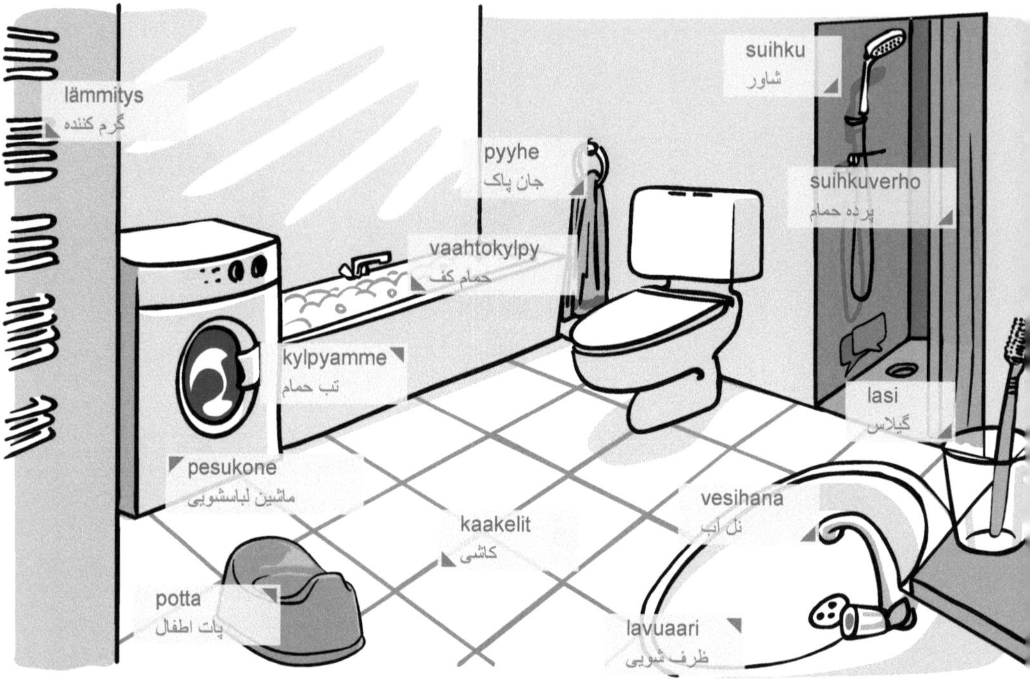
lämmitys
گرم کننده
pyyhe
جان پاک
suihku
شاور
suihkuverho
پرده حمام
vaahtokylpy
حمام کف
kylpyamme
تب حمام
pesukone
ماشین لباسشویی
kaakelit
کاشی
vesihana
نل اب
lasi
گیلاس
potta
پات اطفال
lavuaari
ظرف شویی

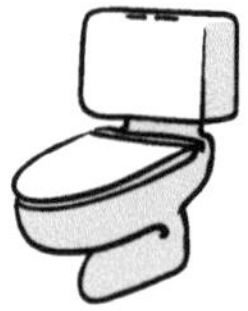

vessa

تشناب

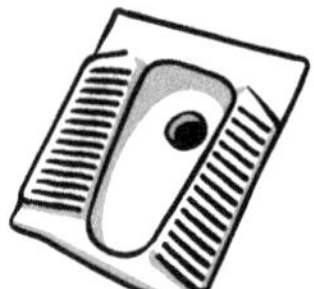

kyykkyvessa

کمود فرشی

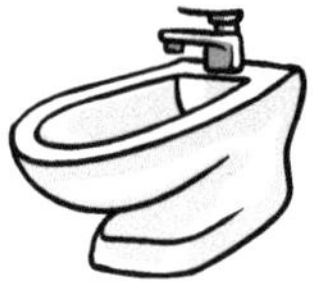

bidee

کمود

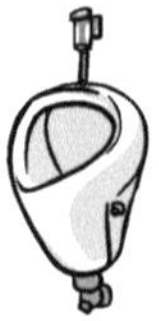

pisuaari

تشناب مرد ها

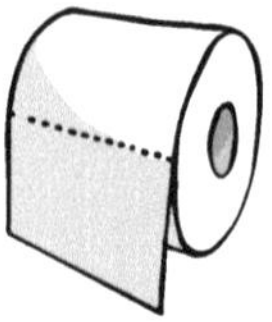

vessapaperi

کاغذ تشناب

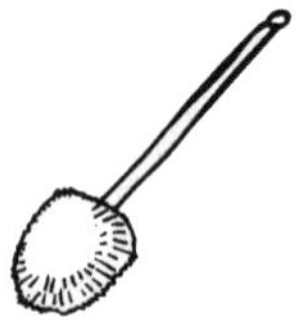

vessaharja

برس کمود

hammasharja

برس دندان

hammastahna

کریم دندان

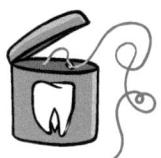

hammaslanka

نخ دندان

pestä

شستن

käsisuihku

شاور دستی

intiimisuihku

شاور کمود

pesuvati

دستشویی

selkäharja

برس پشت

saippua

صابون

suihkugeeli

جل حمام

shampoo

شامپو

pesulappu

لیف

viemäri

آب رو

voide

کریم

deodorantti

دئودورانت

peili

آینه

käsipeili

آینه دستی

partaveitsi

ریش تراش

partavaahto

کف ریش تراشی

partavesi

کلونیا

kampa

شانه موی

harja

برس

hiustenkuivaaja

سشوار

hiuslakka

اسپری مو

meikki

أرایش

huulipuna

لب سرین

kynsilakka

رنگ ناخن

pumpuli

پشم پنبه

kynsisakset

ناخن گیر

hajuvesi

عطر

kosmetiikkalaukku

کیسه شستشو

jakkara

چوکی چار پایه

vaaka

ترازوی وزن

kylpytakki

جان پاک

kumihansikkaat

دستکش پلاستیکی

tamponi

تامپون

terveysside

کوتکس

kemiallinen wc

تشناب سیار

lastenhuone

اطاق اطفال

herätyskello
ساعت زنگ دار
pehmolelu
گدی های نرم
leikkiauto
موتر سامان بازی
helistin
جرنگانه
nukkekoti
خانه گدی
lahja
هدیه

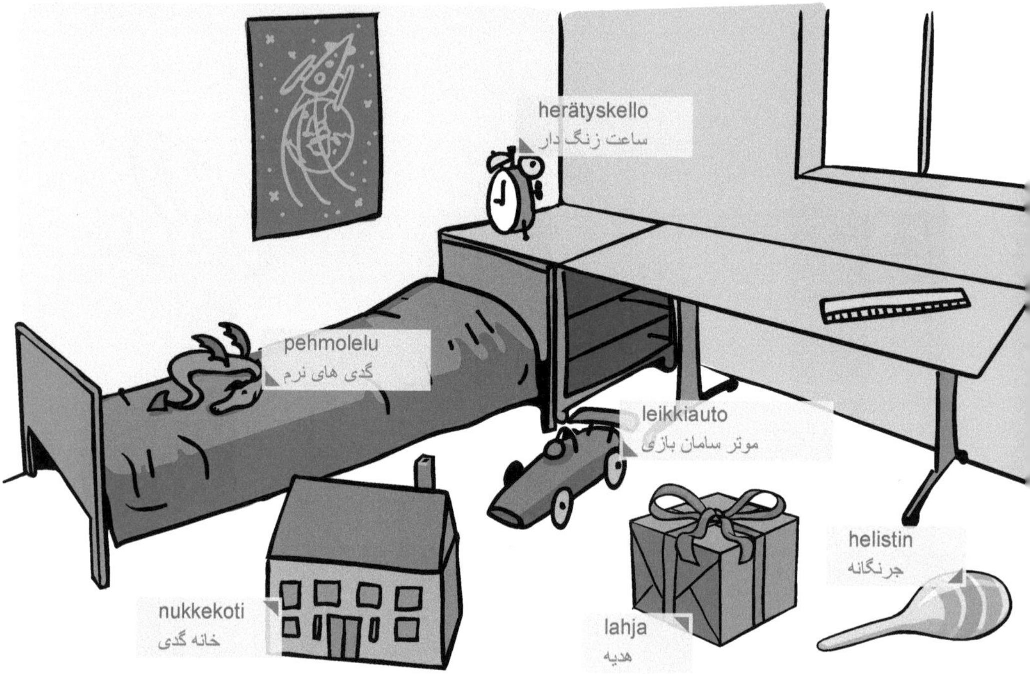

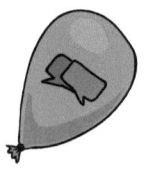

ilmapallo

پوقانه

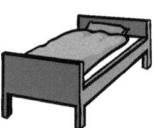

sänky

تختخواب

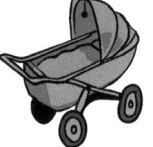

lastenvaunut

ریکشه اطفال

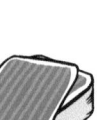

korttipeli

قطعه بازی

palapeli

پازل

SUPER
MEGA

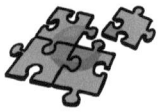

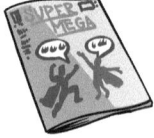

sarjakuva

خنده آور

legopalikat

خشت های لگو

rakennuspalikat

بلوک های سامان بازی

supersankari

پچه فلم

potkupuku

لباس طفل

frisbee

فریزبی

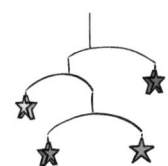

mobile

سامان بازی که روی تخت خواب اطفال
اویزان می شود

lautapeli

بازی تخته یی

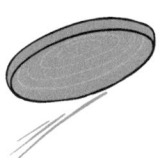

noppa

تاس

pienoisjunarata

ریل اسباب بازی

tutti

چوشک

juhlat

مهمانی

kuvakirja

کتاب تصویری

pallo

توپ

nukke

گدیگک

leikkiä

بازی کردن

hiekkalaatikko

جعبه ریگ

keinu

گاز

lelut

اسباب بازی

pelikonsoli

کنسول بازی کمپیوتری

kolmipyörä

سه چرخه

nalle

خرس سامان بازی

vaatekaappi

الماری لباس

vaatteet

sukat

جوراب

nylonsukat

جوراب دراز

sukkahousut

برجس

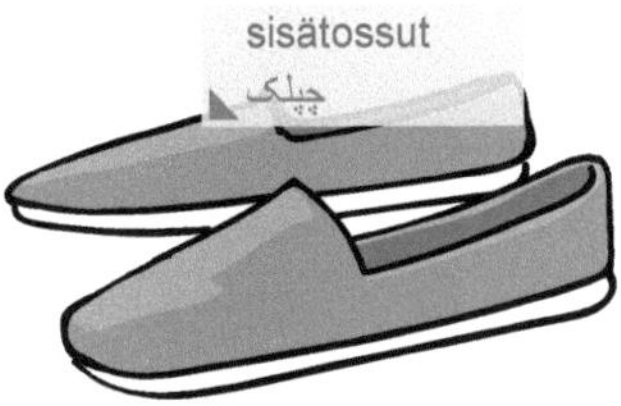

kaulaliina
چادر سر

sateenvarjo
چتری

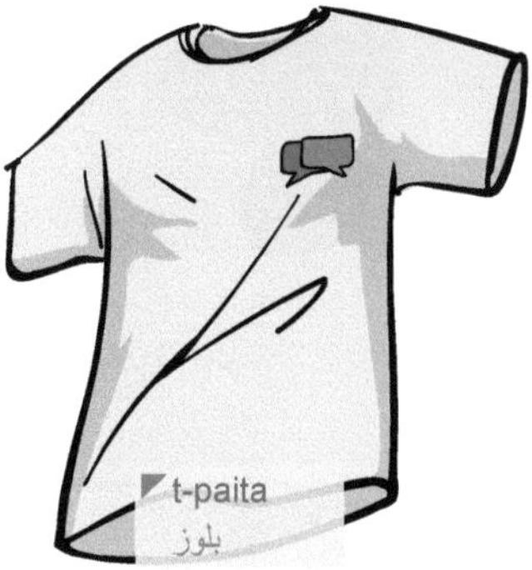

vyö
کمربند

t-paita
بلوز

saappaat
بوت

sisätossut
چپلک

lenkkarit
کرمچ

sandaalit
چپلی

kengät
بوت

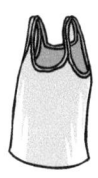

kumisaappaat
موزه پلاستیکی

alushousut
نیکر

rintaliivit
واسکت زنانه

aluspaita
واسکت

body

بدن

housut

برزو

farkut

پتلون کاوبای

hame

دامن

pusero

بلوز

paita

پیراهن

villapaita

یالان

collegepaita

جاکت کلاه دار

jakku

جاکت

takki

چمپر

takki

کورتی

sadetakki

کوت بارانی

puku

لباس مخصوص مراسم

mekko

پیراهن

hääpuku

لباس عروسی

puku

دریشی

yöpaita

لباس خواب

pyjama

پاجامه

shari

ساری

päähuivi

چادر سر

turbaani

لنگی

burka

چادری

kaftaani

كفتان

abaya

چادر

uimapuku

لباس آببازی

uimahousut

نيکر پاچه دار

shortsit

پتلون نصفه

verkkarit

لباس ورزشی

esiliina

پيش بند

käsineet

دستکش

nappi

دکمه

silmälasit

عینک

rannekoru

دستبند

kaulakoru

گردن بند

sormus

انگشتر

korvakoru

گوشواره

lippalakki

کلاه پیک دار

ripustin

کوت بند

hattu

کلاه

solmio

نیکتایی

vetoketju

زیپ

kypärä

کلاه مصون

henkselit

بند تنبان

koulupuku

يونيفورم مکتب

univormu

يونيفورم

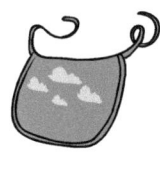

ruokalappu

پیش بند

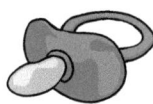

tutti

چوشک

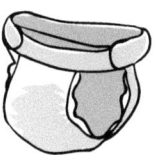

vaippa

پمپر

toimisto

دفتر

palvelin
سرور
asiakirjakaappi
الماری اسناد
paperi
کاغذ
tulostin
پرینتر
näyttö
مانیتور
kirjoituspöytä
میز کار
hiiri
ماوس
kansio
فولدر
näppäimistö
کیبورد
roskakori
سبد کاغذ باطله
tietokone
کمپیوتر
tuoli
چوکی

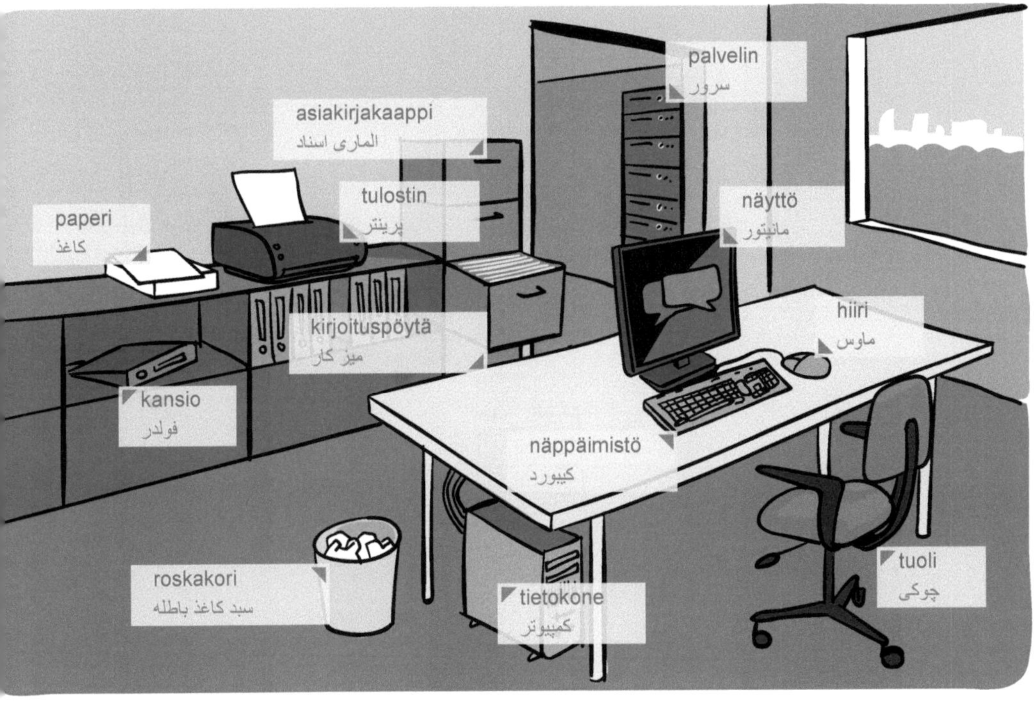

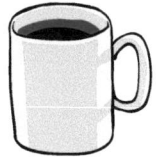

kahvimuki

گیلاس قهوه

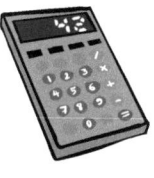

taskulaskin

ماشین حساب

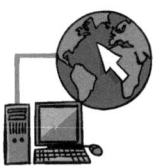

internet

اینترنت

kannettava tietokone

لپ تاپ

kirje

نامه

viesti

پیام

kännykkä

موبایل

verkko

شبکه

kopiokone

ماشین فوتوکاپی

ohjelmisto

نرم افزار

puhelin

تلیفون

pistorasia

پلک

faksi

دستگاه فکس

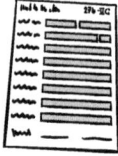

lomake

فورمه

asiakirja

سند

ostaa

خرید کردن

maksaa

پرداختن

vaihtaa

تجارت کردن

raha

پول

dollari

دالر

euro

يورو

jeni

ين

rupla

روبل

frangi

فرانک سوئیس

renminbi juan

يوان رنمينبی

rupia

روپیه

pankkiautomaatti

خودپرداز

rahanvaihto

دفتر صرافی

kulta

طلا

hopea

نقره

öljy

نفت

energia

انرژی

hinta

قیمت

sopimus

قرارداد

vero

مالیات

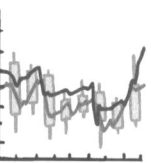

osake

سهام

työskennellä

کار کردن

työntekijä

کارمند

työnantaja

استخدام کننده

tehdas

فابریکه

liike

مغازه

ammatit
شغل ها

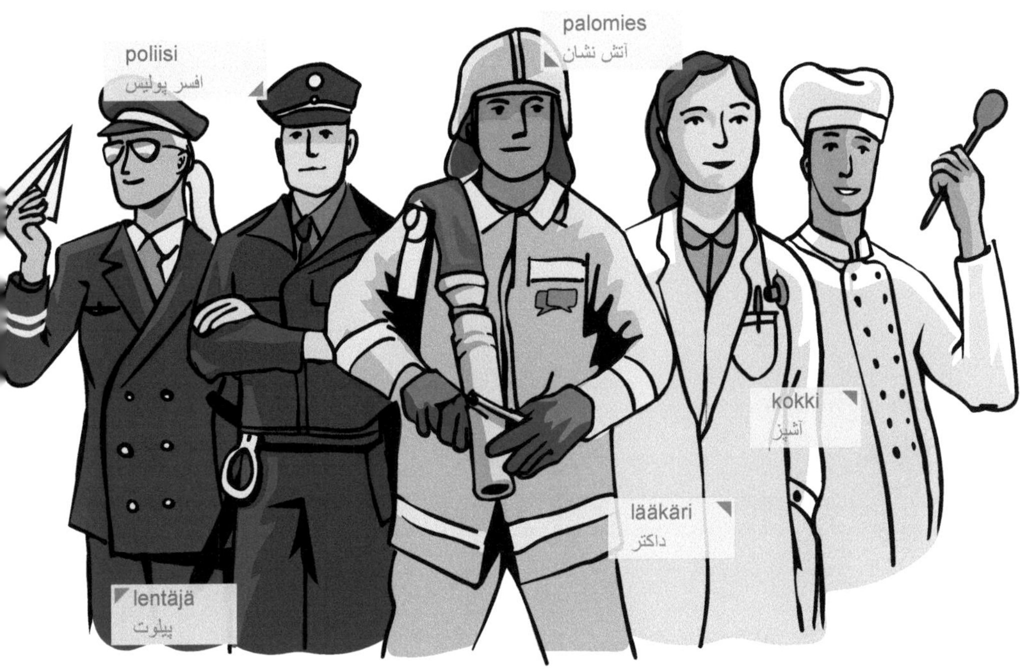
palomies
آتش نشان
poliisi
افسر پولیس
kokki
آشپز
lääkäri
داکتر
lentäjä
پیلوت

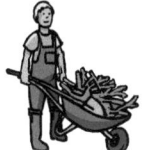

puutarhuri

باغبان

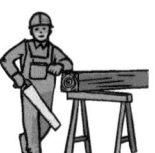

puuseppä

نجار

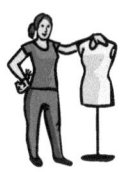

ompelija

خیاط

tuomari

قاضی

kemisti

کیمیا دان

näyttelijä

بازیگر

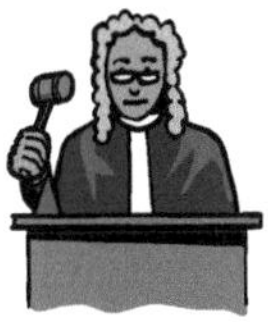

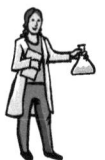

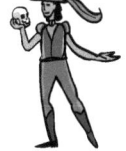

linja-autonkuljettaja

راننده بس

taksinkuljettaja

راننده تکسی

kalastaja

ماهیگیر

siivooja

خدمه

katontekijä

سقف ساز

tarjoilija

پیشخدمت

metsästäjä

شکارچی

maalari

نقاش

leipuri

نانوا

sähköasentaja

برقی

rakentaja

بنا

insinööri

انجنیر

teurastaja

قصاب

putkiasentaja

نلدوان

postinjakaja

پستچی

ammatit - شغل ها

sotilas

سرباز

arkkitehti

معمار

kassanhoitaja

صندوقدار

floristi

گل فروش

kampaaja

آرایشگر

konduktööri

مامور تکت ریل

mekaanikko

میخانیک

kapteeni

کاپیتان

hammaslääkäri

داکتر دندان

tiedemies

دانشمند

rabbi

خاخام/ عالم یهودی

imaami

امام

munkki

راهب

pappi

ملا

työkalut
ابزار

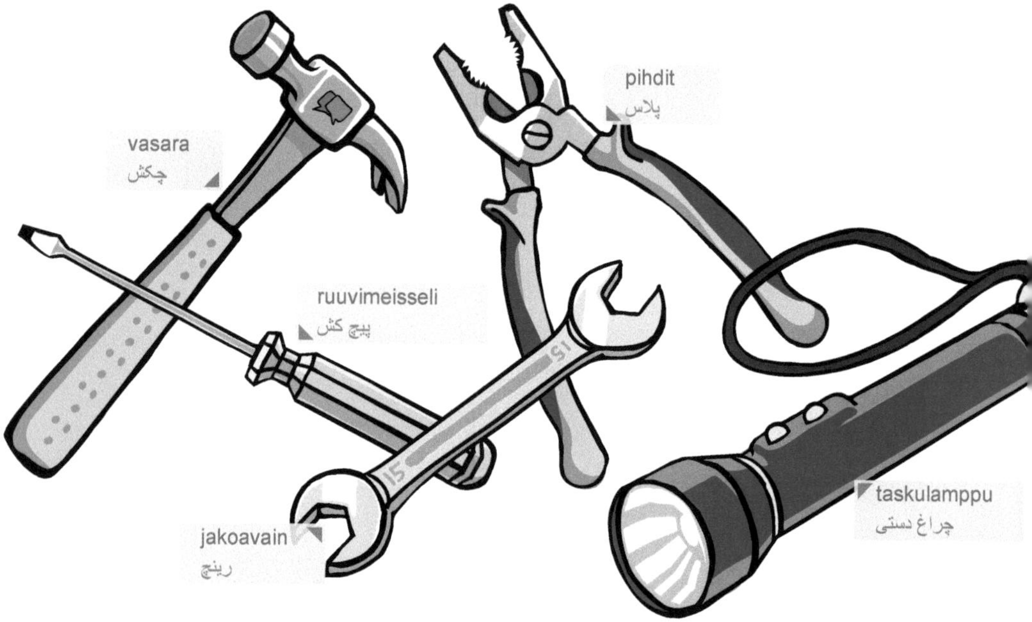

pihdit
پلاس
vasara
چکش
ruuvimeisseli
پیچ کش
jakoavain
رینچ
taskulamppu
چراغ دستی

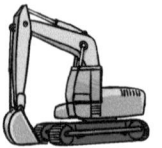

kaivinkone

ماشین حفاری

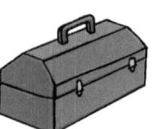

työkalupakki

جعبه ابزار

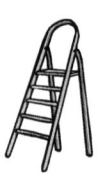

tikkaat

زینه

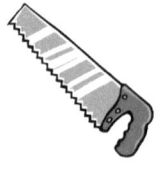

saha

اره

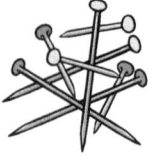

naulat

میخ

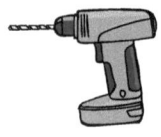

pora

برمه

korjata

ترمیم کردن

lapio

بیل

Hitto!

لعنتی!

rikkalapio

خاکروبه

maalipurkki

سطل رنگ

ruuvit

پیچ

soittimet

آلات موسیقی

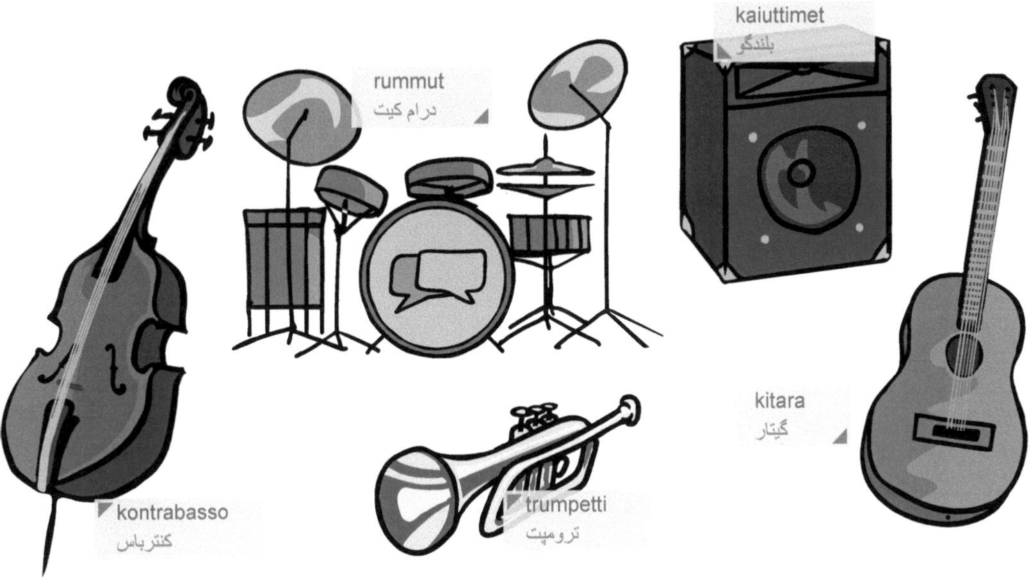

rummut
درام کیت

kaiuttimet
بلندگو

kitara
گیتار

kontrabasso
کنترباس

trumpetti
ترومپت

piano

پیانو

viulu

وایلن

basso

گیتار بیس

patarummut

دهل

rumpu

دول

kosketinsoitin

پیانوی برقی

saksofoni

ساکسوفون

huilu

توله

mikrofoni

میکروفون

eläintarha

باغ وحش

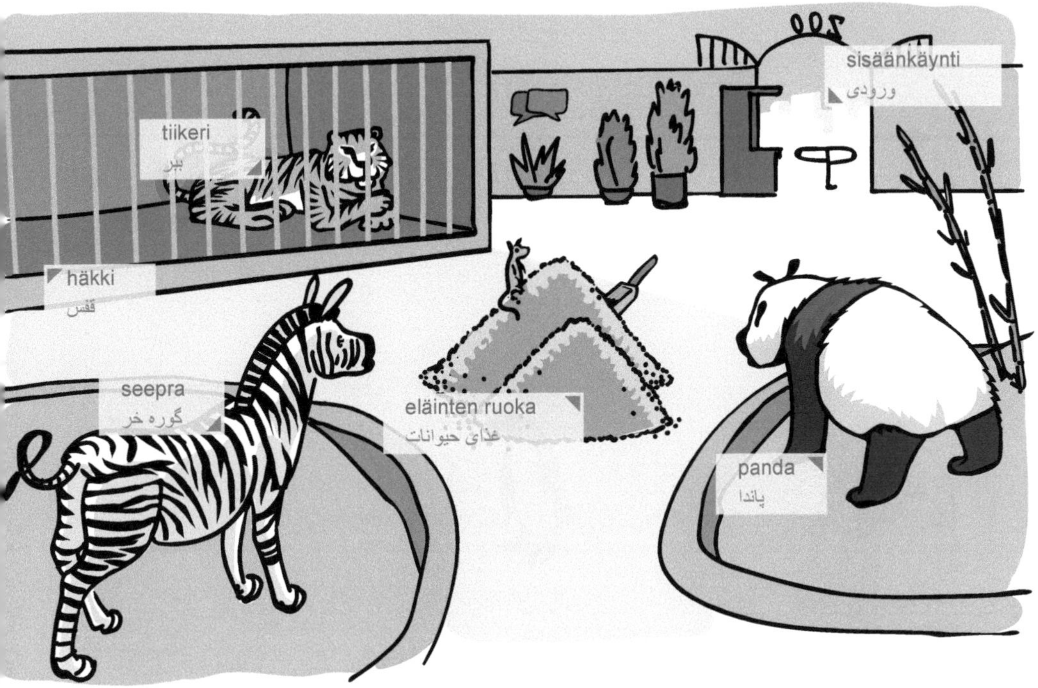
sisäänkäynti
ورودی
tiikeri
ببر
häkki
قفس
seepra
گوره خر
eläinten ruoka
غذای حیوانات
panda
پاندا

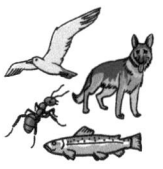

eläimet

حیوانات

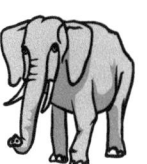

norsu

فیل

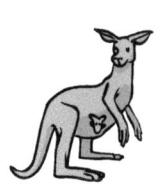

kenguru

کانگورو

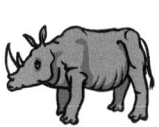

sarvikuono

غژ گاو

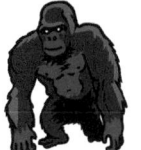

gorilla

گوریلا

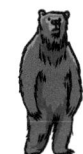

karhu

خرس

kameli

شُتَر

strutsi

شترمرغ

leijona

شیر

apina

میمون

flamingo

فلامینگو

papukaija

طوطی

jääkarhu

خرس قطبی

pingviini

پنگوئن

hai

کوسه

riikinkukko

طاووس

käärme

مار

krokotiili

تمساح

eläintarhanhoitaja

نگهبان باغ وحش

hylje

سگ آبی

jaguaari

پلنگ خالدار امریکایی

poni

اسب کوچک

leopardi

پلنگ

virtahepo

اسب آبی

kirahvi

زرافه

kotka

عقاب

villisika

خوک وحشی

kala

ماهی

kilpikonna

سنگ پشت

mursu

شیر دریایی

kettu

روباه

gaselli

غزال

amerikkalainen jalkapallo
فوتبال امریکایی

pyöräily
بایسکل سواری

tennis
تنیس

koripallo
باسکتبال

uinti
آب بازی

nyrkkeily
بوکس

jääkiekko
هاکی روی یخ

jalkapallo

فوتبال

sulkapallo

بدمینتون

yleisurheilu

ورزشکاری

käsipallo

هندبال

hiihto

اسکی

poolo

پولو

aktiviteetit
فعالیت ها

hypätä
خیز زدن
halata
بغل کردن
nauraa
خندیدن
kävellä
راه رفتن
laulaa
خواندن
unelmoida
خواب دیدن
rukoilla
دعا کردن
suudella
بوسیدن

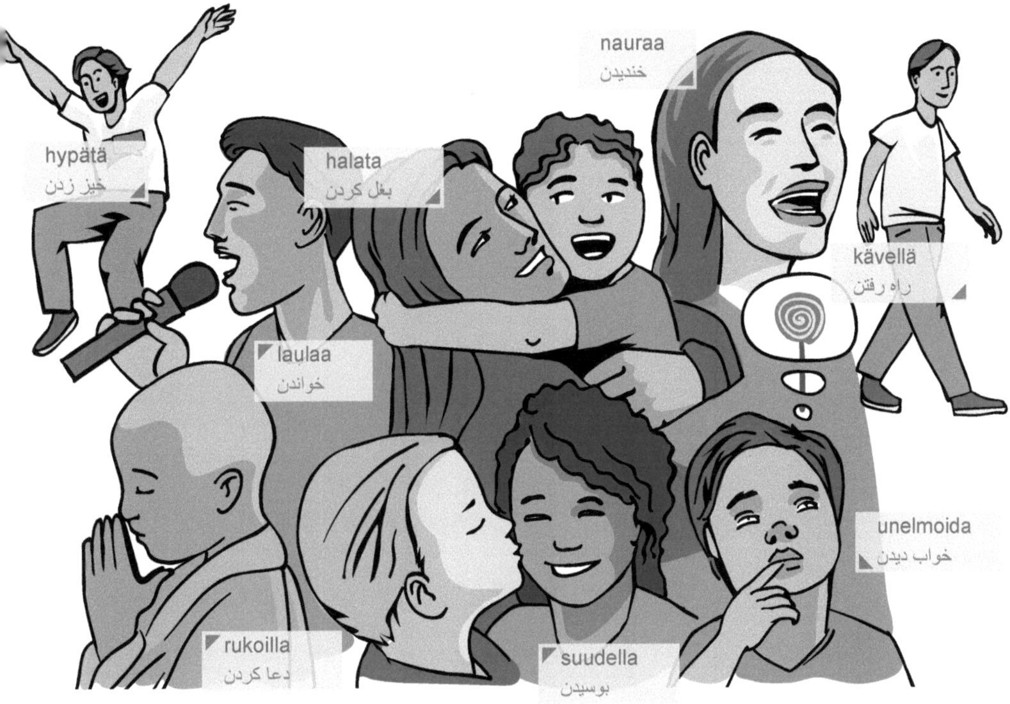

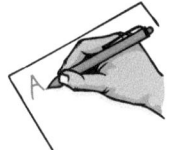

kirjoittaa
نوشتن

piirtää
کشیدن

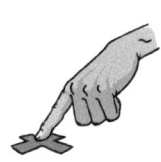

näyttää
نشان دادن

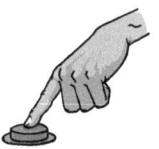

painaa
تیله کردن

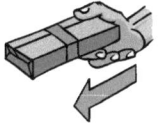

antaa
دادن

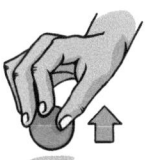

ottaa
گرفتن

omistaa

داشتن

tehdä

انجام دادن

olla

بودن

seisoa

ایستادن

juosta

دویدن

vetää

کش کردن

heittää

پرتاب کردن

kaatua

افتادن

maata

دروغ گفتن

odottaa

صبر کردن

kantaa

حمل کردن

istua

نشستن

pukeutua

لباس پوشیدن

nukkua

خوابیدن

herätä

بیدار شدن

katsoa

نگاه کردن

itkeä

گریه کردن

silittää

ضربه زدن

kammata

شانه کردن

puhua

صحبت کردن

ymmärtää

فهمیدن

kysyä

پرسیدن

kuunnella

گوش دادن

juoda

نوشیدن

syödä

خوردن

siivota

مرتب کردن

rakastaa

عشق ورزیدن

keittää

پختن

ajaa

رانندگی کردن

lentää

پرواز کردن

purjehtia

روی آب حرکت کردن

laskea

حساب کردن

lukea

خواندن

oppia

یاد گرفتن

työskennellä

کار کردن

mennä naimisiin

ازدواج کردن

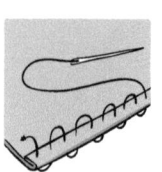

ommella

دوختن

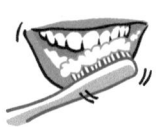

pestä hampaat

برس کردن دندان ها

tappaa

کشتن

tupakoida

سگریت کشیدن

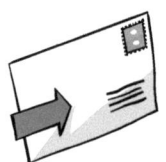

lähettää

فرستادن

perhe
فامیل

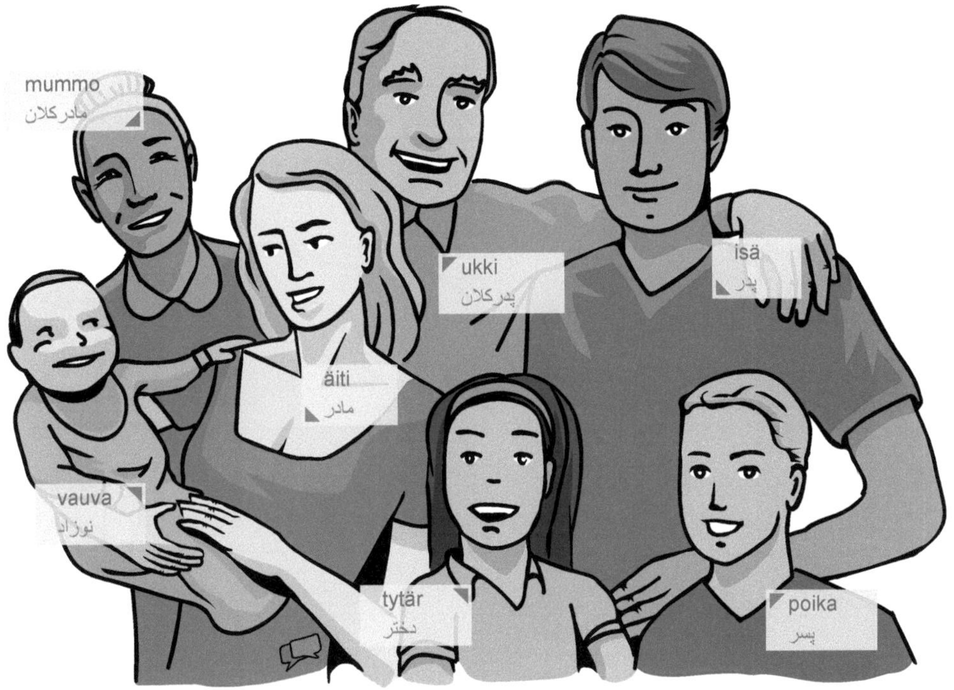
mummo
مادرکلان
ukki
پدرکلان
isä
پدر
äiti
مادر
vauva
نوزاد
tytär
دختر
poika
پسر

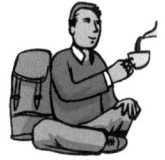

vieras
مهمان

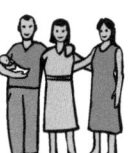

täti
عمه / خاله

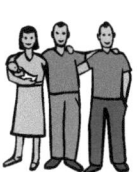

setä
ماما/کاکا

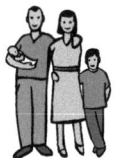

veli
برادر

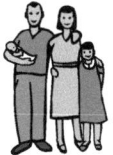

sisko
خواهر

vartalo

بدن

otsa
پیشانی
silmä
چشم
olkapää
شانه
sormet
انگشت
kasvot
روی
leuka
زنخ
käsi
دست
jalka
پا
rinta
سینه
käsivarsi
بازو

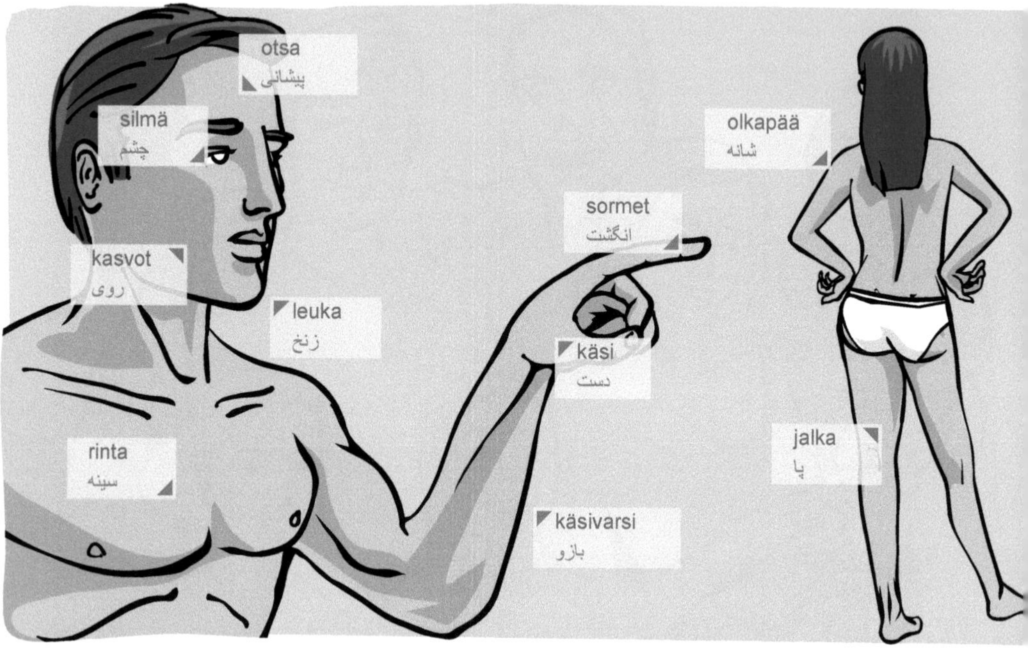

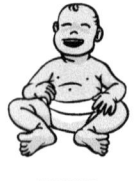

vauva

نوزاد

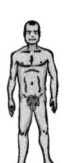

mies

مرد

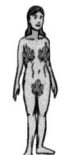

nainen

زن

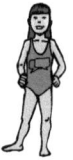

tyttö

دختر

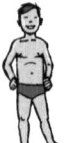

poika

پسر

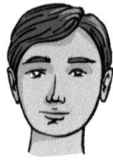

pää

سر

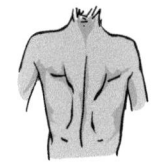

selkä

کمر

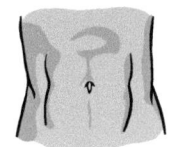

maha

شکم

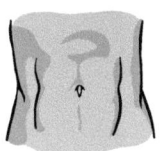

napa

ناف

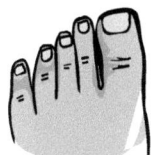

varvas

انگشت پا

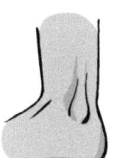

kantapää

کوری پای

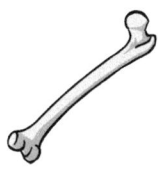

luu

استخوان

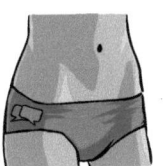

lantio

کمر

polvi

زانو

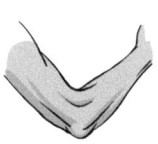

kyynärpää

آرنج

nenä

بینی

takapuoli

سرین

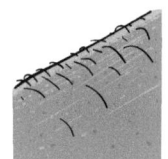

iho

پوست

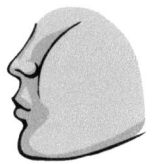

poski

کومه

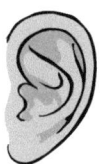

korva

گوش

huuli

لب

suu

دهان

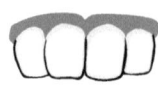

hammas

دندان

kieli

زبان

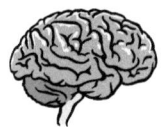

aivot

مغز

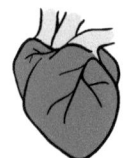

sydän

قلب

lihas

عضله

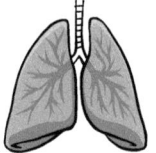

keuhkot

شش

maksa

جگر

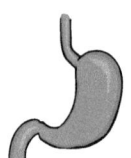

vatsa

معده

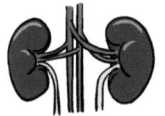

munuaiset

گرده

seksi

رابطه جنسی

kondomi

کاندوم

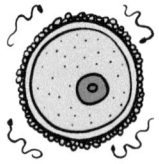

munasolu

تخمه

sperma

آب منی

raskaus

حاملگی

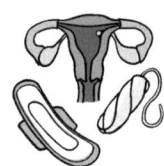

kuukautiset

قاعده گی

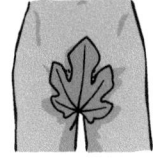

vagina

مجرای تناسلی زن

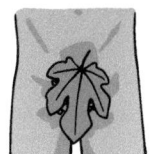

penis

آلت تناسلی مرد

kulmakarvat

ابرو

hiukset

مو

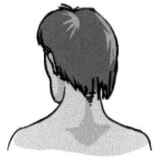

niska

گردن

sairaala
شفاخانه

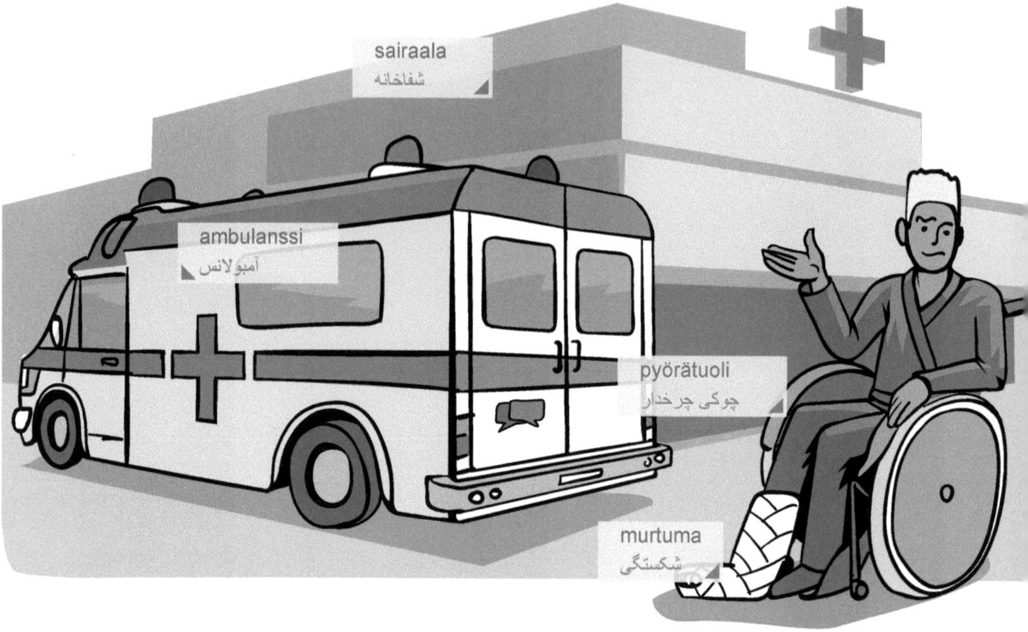

sairaala
شفاخانه
ambulanssi
آمبولانس
pyörätuoli
چوکی چرخدار
murtuma
شکستگی

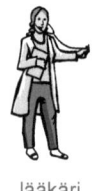

lääkäri
داکتر

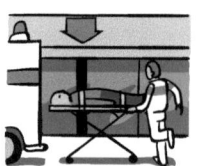

ensiapu
اطاق عاجل

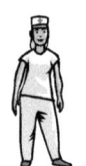

sairaanhoitaja
نرس

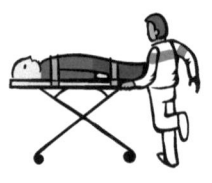

hätätilanne
عاجل

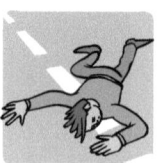

tajuton
بیهوش

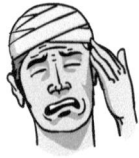

kipu
درد

vamma

جراحت

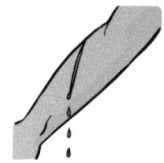

verenvuoto

خونریزی

sydänkohtaus

حمله قلبی

aivoinfarkti

سکته مغزی

allergia

حساسیت

yskä

سرفه

kuume

تب

flunssa

انفلوانزا

ripuli

اسهال

päänsärky

سردرد

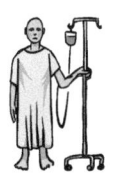

syöpä

سرطان

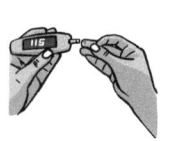

diabetes

شکر

kirurgi

جراح

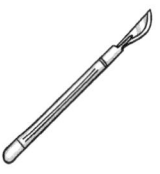

veitsi

چاقوی جراحی

leikkaus

عملیات

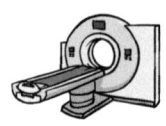

ct

سی تی

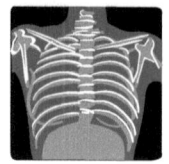

röntgen

ایکسری

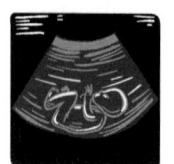

ultraääni

سونوگرافی

maski

ماسک روی

sairaus

مریضی

odotushuone

اطاق انتظار

sauva

عصا

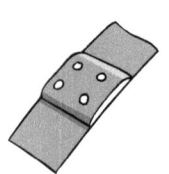

laastari

گچ

side

پانسمان

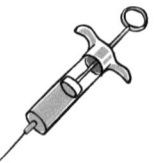

pistos

تزریق

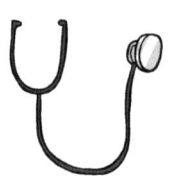

stetoskooppi

استاتسکوپ

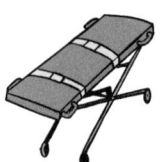

paarit

تذکره

kuumemittari

ترمامیتر کلینیکی

syntymä

تولد

ylipaino

اضافه وزن

kuulolaite

سمعک

desinfiointiaine

ضدعفونى كننده

infektio

عفونت

virus

وايروس

HIV / AIDS

اچ آى وى / ايدز

lääke

ادويه

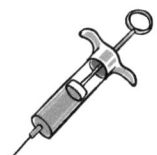

rokotus

واكسيناسيون

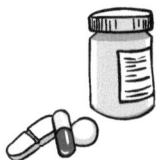

tabletit

تابليت ها

pilleri

تابليت

hätäpuhelu

تماس اضطرارى

verenpainemittari

مانيتور فشار خون

sairas / terve

بيمار / سالم

Apua!

كمك!

hälytys

زنگ هشدار

ryöstö

تجاوز

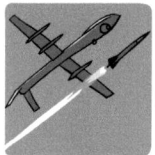

hyökkäys

حمله

vaara

خطر

hätäuloskäynti

خروج اضطراری

Tulipalo!

آتش!

palosammutin

آله ضد حريق

onnettomuus

حادثه

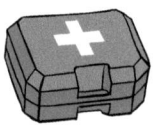

ensiapulaukku

بكسه كمك های اوليه

SOS

پيام اضطراری

poliisilaitos

پوليس

Eurooppa

اروپا

Pohjois-Amerikka

امریکای شمالی

Etelä-Amerikka

امریکای جنوبی

Afrikka

أفریقا

Aasia

آسیا

Australia

استرالیا

Atlantin valtameri

اقیانوس اطلس

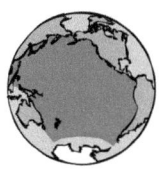

Tyynimeri

اقیانوس آرام

Intian valtameri

اقیانوس هند

Eteläinen jäämeri

اقیانوس منجمد جنوبی

Pohjoinen jäämeri

اقیانوس منجمد شمالی

pohjoisnapa

قطب شمال

etelänapa

قطب جنوب

Antarktis

قاره قطب جنوب

maa

زمین

maa

خشکی

meri

دريا

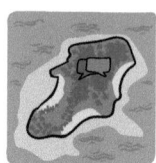

saari

جزيره

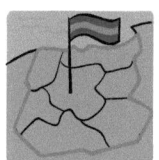

kansa

ملت

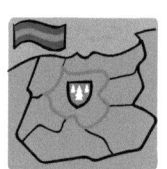

osavaltio

كشور

kellotaulu

روی ساعت

tuntiviisari

عقربه ساعت شمار

minuuttiviisari

عقربه دقیقه شمار

sekuntiviisari

عقربه ثانیه شمار

Paljonko kello on?

ساعت چند است؟

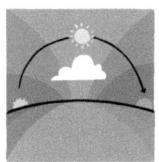

päivä

روز

aika

زمان

nyt

اکنون

digitaalikello

ساعت دستی دیجیتل

minuutti

دقیقه

tunti

ساعت

viikko

هفته

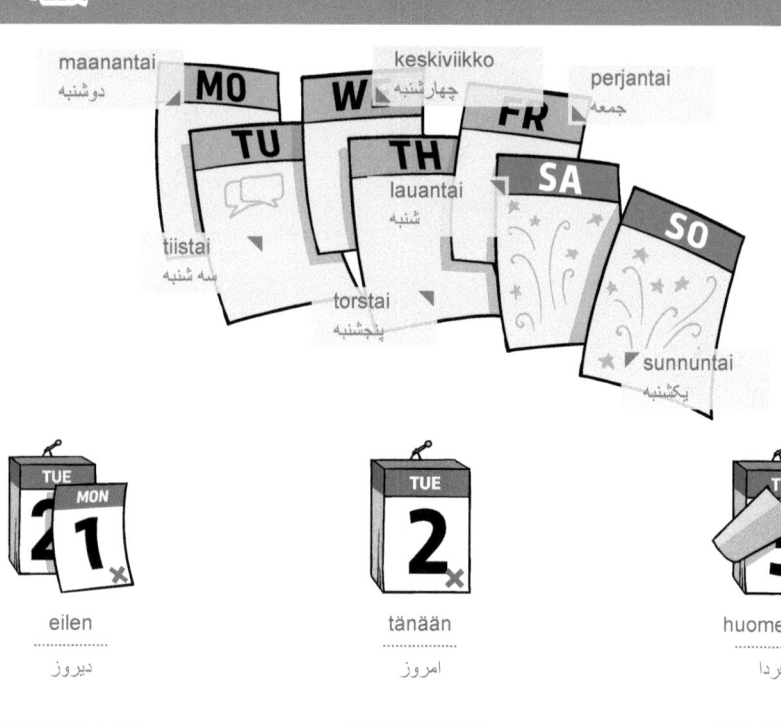

maanantai
دوشنبه

keskiviikko
چهارشنبه

perjantai
جمعه

tiistai
سه شنبه

lauantai
شنبه

torstai
پنجشنبه

sunnuntai
یکشنبه

eilen

دیروز

tänään

امروز

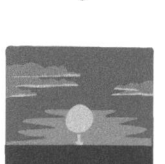

huomenna

فردا

aamu

صبح

keskipäivä

ظهر

ilta

غروب

työpäivät

روزهای کاری

viikonloppu

آخر هفته

vuosi

سال

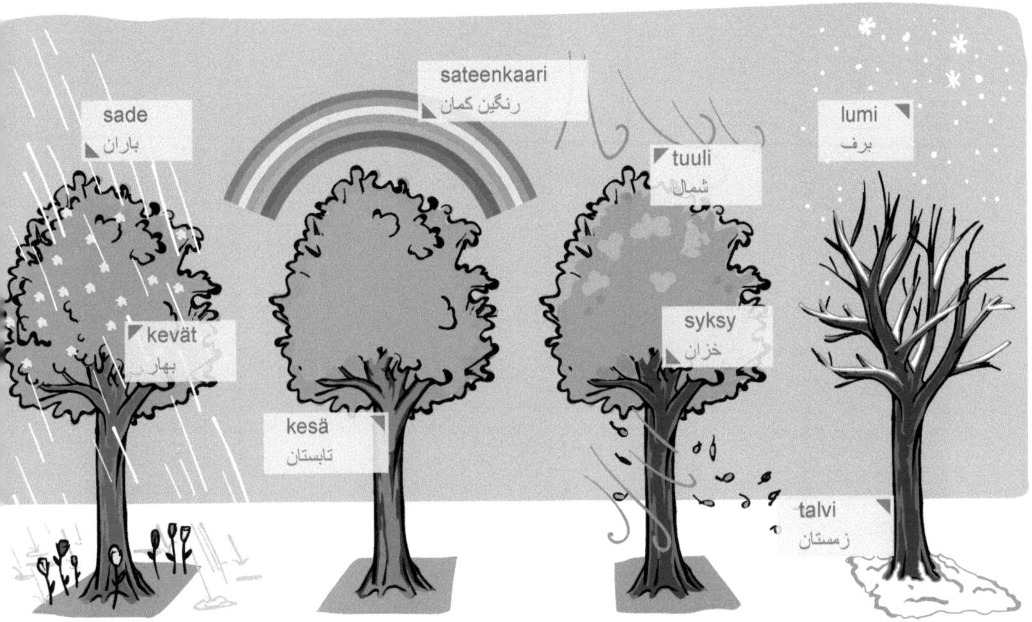

sade
باران
sateenkaari
رنگین کمان
tuuli
شمال
lumi
برف
kevät
بهار
syksy
خزان
kesä
تابستان
talvi
زمستان

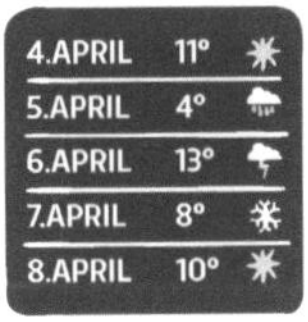

4.APRIL 11°
5.APRIL 4°
6.APRIL 13°
7.APRIL 8°
8.APRIL 10°

säännuste

پیش بینی آب و هوا

F
120
90
60
30
0
-30
C
40
30
20
10
0
-10
-20

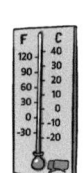

lämpömittari

ترمامیتر

auringonpaiste

آفتاب

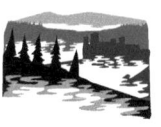

pilvi

ابر

sumu

غبار

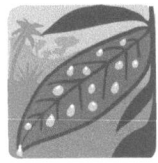

ilmankosteus

رطوبت

salama

رعد و برق

ukkonen

الماسک

myrsky

طوفان

rae

ژاله

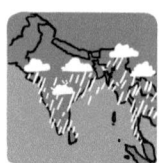

monsuuni

موسم بارندگی

tulva

سیل

jää

یخ

tammikuu

جنوری

helmikuu

فبروری

maaliskuu

مارچ

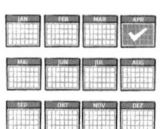

huhtikuu

اپریل

toukokuu

می

kesäkuu

جون

heinäkuu

جولای

elokuu

اگست

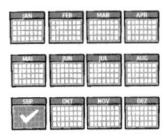

syyskuu

سپتمبر

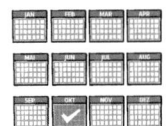

lokakuu

اکتوبر

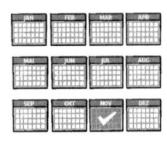

marraskuu

نومبر

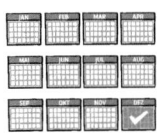

joulukuu

دسمبر

muodot

شکل ها

ympyrä

دایره

neliö

مربع

suorakulmio

مستطیل

kolmio

مثلث

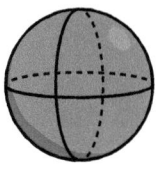

pallo

کره

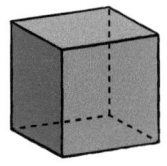

kuutio

مکعب

valkoinen

سفید

keltainen

زرد

oranssi

نارنجی

vaaleanpunainen

گلابی

punainen

سرخ

violetti

بنفش

sininen

آبی

vihreä

سبز

ruskea

نصواری/قهوه یی

harmaa

خاکستری

musta

سیاه

paljon / vähän

زیاد / کم

vihainen / ystävällinen

عصبانی / آرام

kaunis / ruma

مقبول / بدرنگ

alku / loppu

آغاز / پایان

suuri / pieni

بزرگ / کوچک

vaalea / tumma

روشن / تیره

veli / sisko

برادر / خواهر

puhdas / likainen

پاک / کثیف

täydellinen / epätäydellinen

کامل / ناقص

päivä / yö

روز / شب

kuollut / elävä

مرده / زنده

leveä / kapea

عریض / باریک

syötävä / syömäkelvoton

خوراکی / غیر خوراکی

paha / kiltti

عصبانی / دوستانه

innostunut / tylsistynyt

هیجان زده / کسل

lihava / laiha

چاق / لاغر

ensimmäinen / viimeinen

اول / آخر

ystävä / vihollinen

دوست / دشمن

täysi / tyhjä

پر / خالی

kova / pehmeä

سخت / نرم

painava / kevyt

سنگین / سبک

nälkä / jano

گرسنگی / تشنگی

sairas / terve

بیمار / سالم

laiton / laillinen

غیر قانونی / قانونی

älykäs / tyhmä

باهوش / احمق

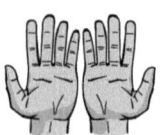

vasen / oikea

چپ / راست

lähellä / kaukana

نزدیک / دور

uusi / käytetty

نو / كهنه

ei mitään / jotain

هیچ چیز / چیزی

vanha / nuori

پیر / جوان

päällä / pois päältä

روشن / خاموش

auki / kiinni

باز / بسته

hiljainen / äänekäs

بی صدا / پر سر و صدا

rikas / köyhä

ثروتمند / فقیر

oikein / väärin

صحیح / غلط

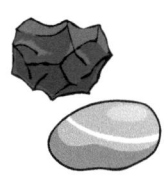

karhea / sileä

ناهموار / هموار

surullinen / iloinen

غمگین / خوشحال

lyhyt / pitkä

كوتاه / بلند

hidas / nopea

آهسته / سریع

märkä / kuiva

تر / خشک

lämmin / viileä

گرم / سرد

sota / rauha

جنگ / صلح

0	**1**	**2**
nolla	yksi	kaksi
صفر	یک	دو
3	**4**	**5**
kolme	neljä	viisi
سه	چهار	پنج
6	**7**	**8**
kuusi	seitsemän	kahdeksan
شش	هفت	هشت
9	**10**	**11**
yhdeksän	kymmenen	yksitoista
نه	ده	یازده

12

kaksitoista

دوازده

13

kolmetoista

سیزده

14

neljätoista

چهارده

15

viisitoista

پانزده

16

kuusitoista

شانزده

17

seitsemäntoista

هفده

18

kahdeksantoista

هجده

19

yhdeksäntoista

نوزده

20

kaksikymmentä

بیست

100

sata

صد

1.000

tuhat

هزار

1.000.000

miljoona

میلیون

englanti

انگلیسی

amerikanenglanti

انگلیسی امریکایی

mandariinikiina

چینی ماندارین

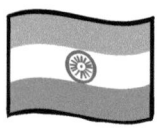

hindi

هندی

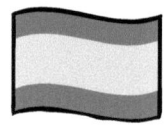

espanja

اسپانیایی

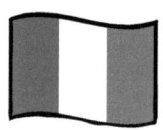

ranska

فرانسوی

arabia

عربی

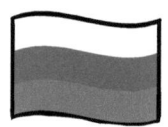

venäjä

روسی

portugali

پرتغالی

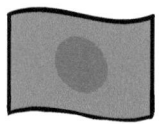

bengali

بنگالی

saksa

آلمانی

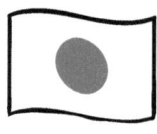

japani

جاپانی

minä

من

sinä

شما

hän

او / او / آن

me

ما

te

شما

he

آن ها

kuka?

کی؟

mitä / mikä?

چی؟

miten?

چطور؟

missä?

کجا؟

milloin?

چه وقت؟

nimi

اسم

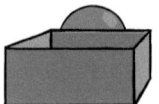

takana

عقب

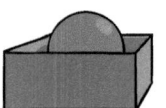

sisällä

در

edessä

پيش روى

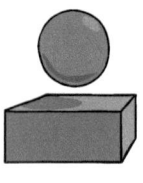

yläpuolella

بالا

päällä

روى

alapuolella

زير

vieressä

پهلو

välissä

ميان

paikka

محل